Sind denn alle guten Männer schon vergeben?

Silvia Aeschbach

Sind denn alle guten Männer schon vergeben?

Meine Lieblingskolumnen aus der »Coopzeitung«

WÖRTERSEH

Lektorat: Andrea Leuthold
Korrektorat: Brigitte Matern
Umschlaggestaltung: Thomas Jarzina
Foto Umschlag vorn: Heiner H. Schmitt
Layout, Satz: Beate Simson
Druck und Bindung: CPI – Ebner & Spiegel

Print ISBN 978-3-03763-117-1
E-Book ISBN 978-3-03763-790-6

www.woerterseh.ch

MIX
Papier aus verantwortungsvollen Quellen
FSC® C083411
FSC
www.fsc.org

Für Brigitte

»Hinterm Horizont gehts weiter.«

Udo Lindenberg

Inhalt

Vorwort

Zwei Dinge beschäftigen die Leserinnen und Leser der »Coopzeitung« nachhaltig: erstens die Frage nach der echten Haarfarbe von Silvia Aeschbach und zweitens, ob das, was sie in ihren Kolumnen schreibt, auch tatsächlich wahr sei. Meine Antworten darauf lauten dann jeweils:

Erstens: Woher soll ich das wissen?

Zweitens: Ich befürchte, ja.

Seit 2016 erscheint die Kolumne von Silvia Aeschbach wöchentlich in der »Coopzeitung«, dem größten Printmedium der Schweiz. Gut eingebettet zwischen Schminktipps, Vegi-Burger-Rezepten und Wanderreportagen. Wäre die »Coopzeitung« ein freundliches Wohnhaus in einer schönen Straße, dann wäre Silvia Aeschbachs Kolumne jene Wohnung, aus der es immer lärmt und scheppert und dröhnt. Darin wird gelacht, geweint, gekocht, geschlemmt, getrunken, diskutiert, geträumt, gehofft, gezweifelt, geliebt, gelitten. Und draußen vor der Tür stehen kunterbunt High Heels, Wander- und Turnschuhe, Flip-Flops und Gummistiefel. Silvia Aeschbachs Kolumnen sind der ganz normale Wahnsinn. Eine Mischung aus dem Leben, das wir leben, und dem Leben, das wir vielleicht gerne führen würden.

Sollten Sie jetzt doch noch wissen wollen, warum ich annehme, dass alles wahr ist, was Silvia Aeschbach in der »Coopzeitung« schreibt: Weil uns eine jahrzehntelange berufliche und private Freundschaft verbindet. Ich weiß also, was sich in ihrem Leben zugetragen hat und was sich heute so tut. Deshalb gehe ich auch davon aus, dass es noch jede Menge Schreib- und Lesestoff für die nächsten Jahre gibt.

Ich freue mich darauf! Auch, wenn ich, ehrlich gesagt, keine Ahnung habe, ob Silvias Hellblond hundert Prozent Natur ist.

Silvan Grütter,
Chefredaktor der »Coopzeitung«, im Juli 2020

Keine Anleitung zum Erwachsensein

Erinnern Sie sich noch daran, wann Sie das erste Mal das Gefühl hatten: »Jetzt bin ich wirklich erwachsen!«? Passierte es nach dem ersten nicht jugendfreien Kuss? Nachdem der erste Rausch dazu geführt hatte, dass Sie am Morgen danach über der Kloschüssel hingen? Nach dem ersten verzehrenden Liebeskummer, den Sie nicht zu überleben glaubten? Oder nachdem Sie mit dem ersten Lohn auf den Putz gehauen hatten? Oder brauchte es länger, bis sich dieses ersehnte Gefühl einstellte? Nachdem Sie Ihrer/Ihrem Liebsten das Jawort gegeben hatten? Nachdem Sie zum ersten Mal Eltern geworden sind und Ihnen schlagartig klar wurde, dass Sie jetzt nicht mehr nur für sich selber verantwortlich sind? Oder nach dem Tod eines Elternteils, als Ihnen klar wurde, dass Sie jetzt vielleicht der/die Nächste sind?

Seit ich mich erinnern kann, wollte ich erwachsen sein. Denn ich dachte, Erwachsensein sei gleichbedeutend mit der Freiheit, das tun und lassen zu können, was ich wollte. Und nicht, was Eltern, Lehrer oder sonstige Autoritätspersonen von mir verlangten. Wenn ich nur das Wort Autorität hörte, bekam ich Gänsehaut. Und, ehrlich gesagt, geht es mir noch immer hin und wieder so. Was beweist, dass ich auch heute durchaus noch unerwachsene Momente habe.

In guten Zeiten spüre ich dies, wenn mich Gefühle überwältigen und ich die ganze Welt umarmen oder vor Sehnsucht platzen könnte. Dann, wenn ich mich mit jeder Faser meines Körpers und meiner Seele lebendig fühle. Und ich, trotz meinem Alter, überzeugt bin, mein Leben und meine Zukunft würden wie ein weißes Blatt vor mir liegen.

Schmerzhafter sind die Augenblicke, in denen ich an frühere schwierige Zeiten erinnert werde. Dieses »Triggern« macht, dass man ein altes Erlebnis oder Gefühl so spürt, als handle es sich um ein aktuelles Ereignis. Wenn ich mich etwa in einer fremden Umgebung verlaufe, kann es sein, dass ich mich plötzlich genauso elend fühle wie damals, als ich als kleines Mädchen meine Mutter beim Einkaufen verloren hatte. Eine ungerechte Kritik kann die Überzeugung auslösen, ich sei »dumm«, so wie mich mein Mathelehrer genannt hatte, als ich es an der Tafel nicht schaffte, eine schwierige Gleichung zu lösen. Und der Geruch von frischer Leber dreht mir noch heute den Magen um, weil ich diese früher wegen meiner Blutarmut essen musste.

Ja, ich bin heute erwachsen. Jedenfalls für mein Umfeld. Ich erledige meine Pflichten, übernehme Verantwortung für mich und andere, zahle meine Steuern und fühle mich nicht jedes Mal, wenn ich einen Polizisten sehe, als ob ich etwas ausgefressen hätte. Aber ich freue mich darüber, dass es immer noch viele Momente in meinem Leben gibt, in denen ich mich nicht erwachsen fühle. Auch wenn es ein bisschen wehtut, wenn ich mich dann manchmal nicht nur wunderbar, verrückt oder kindisch, sondern auch verlassen, ungeliebt oder dumm fühle.

Aber hey, das ist doch Leben!

Feiert das Leben, nicht die Feste!

Vielleicht finden Sie es etwas seltsam, dass ich gleich zum Jahresanfang übers Feiern schreibe. Schließlich haben viele von uns die Festtage noch nicht ganz verdaut. Und dies in verschiedener Hinsicht: Vielleicht klebt ja noch, bildlich gesehen, der Rest der Weihnachtsgans und der Crème brûlée an den Hüften, während im Portemonnaie gähnende Leere herrscht. Vielleicht sind Sie auch froh, dass jetzt wieder der Alltag eingekehrt ist. Denn seien wir ehrlich: Festtage sind doch immer auch etwas anstrengend, dies vor allem für uns Frauen, weil wir uns für alles und alle verantwortlich fühlen.

Nun ist der Januar nicht unbedingt der Wonnemonat, sondern ein echt nüchterner Geselle. Statt zu schlemmen, üben wir uns im Intervallfasten. Statt zu faulenzen, ist Fitness angesagt. Und statt die Abende faul neben dem Lieblingsmenschen und in Gesellschaft von Netflix auf der Couch zu verbringen, machen wir Budgetplanung mit dem Vorsatz, nach den Dezemberausgaben die Finanzen irgendwie wieder ins Lot zu bringen.

Doch Genuss braucht eine gewisse Askese. Denn ohne diesen Unterschied zu spüren, könnte man den Genuss ja nicht wirklich genießen. Oder etwa doch? Schließlich wissen wir ja bereits, wann das nächste Familienfest gefeiert wird. Nächster Halt: O wie Olten – nein: Ostern!

In unserer Kultur sind Feste und das Feiern Fixpunkte im Jahreslauf. Wir brauchen einen Grund, um zu feiern, sonst ist es uns nicht ganz wohl. Wobei mir bei der Aufforderung »Das muss jetzt gefeiert werden!« immer etwas seltsam zumute ist. Ich mag es nämlich nicht, auf Knopfdruck fröhlich sein zu müssen. Darum mag ich auch Silvester nicht. Okay, vielleicht spielt hier auch ein klein wenig mit, dass ich zweimal in meinem Leben an einem 31. Dezember verlassen wurde. Aber das ist eine andere Geschichte.

Ja, es mag unvernünftig sein, an einem kommunen Montagabend spontan ein Fläschchen Champagner zu köpfen; eben nicht, weil Neujahr gefeiert werden muss, sondern nur, weil der Wochenstart gelungen ist. Und warum warten wir eigentlich darauf, dass der Liebste am Hochzeitstag die üblichen langstieligen Rosen heimbringt, wenn man viel lieber himmelblaue Hortensien hätte? Doch wir sagen ihm das nicht, um ihn nicht zu verletzen und seine feierliche Stimmung zu dämpfen.

In diesem Zusammenhang denke ich an meine verstorbene Mutter, die sich an Beerdigungen immer darüber ärgerte, welche Blumenpracht aufgefahren wurde: »Ein Fünftel davon hätte den Verstorbenen zu Lebzeiten gefreut. Jetzt hat er nichts mehr davon.«

Man sollte das Leben feiern und nicht die Feste. Leistungen und Erfolge sind etwas Tolles. Aber sind es nicht die ganz persönlichen Erlebnisse, die uns mehr berühren und die es verdienen, dass man ihnen mehr Aufmerksamkeit schenkt? Auch ohne dass wir sie auf Facebook, Instagram und Twitter teilen. Besondere Momente warten nicht auf einen Termin in der Agenda. Man muss sie erkennen, festhalten und hochleben lassen.

Die Qual der Wahl

Kürzlich beschwerte sich eine Kollegin beim Mittagessen, dass sie es »sooo anstrengend« finde, sich ständig entscheiden zu müssen. »Wenn ich am Morgen im Restaurant einen Kaffee bestelle, überfordert mich das. Das Angebot ist einfach zu groß. Soll ich jetzt einen Latte nehmen, einen Cappuccino oder besser einen Espresso mit Milch?« Wenn sie sich bereits so früh anstrengen müsse, um das richtige Getränk auszusuchen, bleibe ihr »womöglich keine Energie mehr für die wirklich wichtigen Entscheidungen im weiteren Verlauf des Tages«. »Recht hast du«, mischte sich eine andere Kollegin ein, »ich habe das Problem, beim Einkaufen unter den zwanzig verschiedenen Müesli zu wählen. ›Hätte es nicht noch ein Besseres gegeben?‹, frage ich mich jeweils nach dem Bezahlen.«

»Genau«, seufzte die Dritte, »für die Frühlingsferien muss ich mich wieder entscheiden, ob ich lieber in die Karibik oder auf die Seychellen reisen will. Das ist so anstrengend.«

Ich musste laut herauslachen und mich zusammennehmen, um keinen zynischen Kommentar abzugeben. Merkten die drei denn nicht, welches Luxusproblem es ist, aus so vielen Varianten aussuchen zu dürfen? Mindestens die Hälfte der Menschheit würde Luftsprünge vor Freude machen, hätte sie überhaupt eine Wahlmöglichkeit. Und nein, nicht nur die Menschen in Syrien und anderen Kriegsgebieten haben keine Wahlmöglichkeiten, auch in der Schweiz gibt es viele, die sich die Frage nach dem »richtigen« Kaffee nicht stellen können, weil sie schlicht nicht das Geld haben, einen zu kaufen. Natürlich kann ein Überangebot verwirren und unsere Überflussgesellschaft kann stressen, aber eine große Auswahl ist doch besser, als keine Auswahl zu haben.

Unsere Welt ist in den vergangenen Jahren immer komplizierter geworden. Wie lerne ich, unter zwanzig Augencremen jene herauszufinden, die für mich am besten ist? Aus hundert Büchern jenes zu wählen, das mich am meisten fesselt? Beim riesigen Fernsehprogramm jenen Film zu schauen, der die Zeit auch wert ist?

Sicher ist: Das Ziel kann nicht sein, die Vielfalt zu verringern, wie radikale Kritiker der Konsumgesellschaft dies fordern. Menschen müssen lernen, wie man die richtige Wahl trifft, indem sie sich vermehrt informieren, abwägen und lernen, auf ihre Bedürfnisse zu hören. Fragen wie »Was brauche ich?«, »Was macht mich glücklich?« und »Auf was kann ich verzichten?« werden immer wichtiger. Eine solche Innenschau kann helfen, das Selbstbewusstsein zu stärken, denn wenn ich weiß, was mir guttut, bin ich auch besser gegen die vielfältigen Verführungen gefeit. »Wo fühlst du dich denn am glücklichsten?«, fragte ich meine Kollegin, die nicht wusste, wo sie ihre Ferien verbringen möchte. »Am liebsten würde ich mal zu Hause bleiben und richtig faulenzen«, meinte sie nachdenklich. Manchmal ist es so einfach, die richtige Entscheidung zu treffen.

Leben von A bis Z

Manchmal habe ich das Gefühl, ich stehe im Wald, oder konkreter gesagt, ich lebe manchmal etwas antizyklisch. Zum Beispiel, wenn in Mode und Design grad mal wieder schwarz-weißer Minimalismus angesagt ist, während ich von üppigen Hüllen in Samt und Seide träume, natürlich in Regenbogenfarben. Oder wenn ich auf dem Teller beim Sternekoch die Erbsen und Zwiebelchen zählen muss, während vor meinem geistigen Auge eine richtig schön verbrannte Bratwurst und ein Bürli (Achtung: Weißbrot!) vorbeiziehen. Und vielleicht noch eine klitzekleine Mousse au Chocolat. Und ja, ich weiß, die japanische Aufräumfee Marie Kondo predigt in ihren Büchern äußerst erfolgreich den minimalen Besitz: »Behalte nur, was dir Freude macht. Besitze nur, was du brauchst.« Und das dürfen, ihrer Philosophie nach, etwas zugespitzt gesagt, höchstens hundert Dinge sein. Ich bewundere Menschen, die sich so beschränken können. Mir fällt das Spartanische schwer, ich schöpfe lieber aus der Fülle. Nicht zu verwechseln übrigens mit dem sinnlosen Überfluss, der ein schlechtes Lebensgefühl kompensieren muss.

»Zu viel von einer guten Sache kann wunderbar sein«, sagte einst Mae West. 1893 geboren, war Mae ein ziemlich patentes Mädchen, das im Hollywood der 1930er-Jahre zu den bestbezahlten Filmstars zählte, aber auch als Drehbuchautorin arbeitete; eine Seltenheit in der damaligen Zeit. Heute könnte man West vielleicht mit Madonna vergleichen. Jedenfalls bevor diese zur knallharten Geschäftsfrau mutierte. Als Mae West mit siebenundachtzig Jahren starb, konnte sie auf ein erfülltes Leben zurückblicken.

Eine Frau, die aus dem Vollen geschöpft und selten etwas bereut hatte. Und die, im Gegensatz zu anderen berühmten Hollywood-Film-Blondinen wie Marilyn Monroe nie das Opfer war, sondern ihr Leben stets selber in der Hand hatte.

»Wer nicht genießt, wird ungenießbar«, wusste übrigens ein paar Jahrhunderte zuvor schon der Dichter Friedrich von Schiller. Man muss es ja nicht dem Sänger Konstantin Wecker nachmachen, der den Genuss mit fast den gleichen Worten pries, bei dem der zügellose Genuss allerdings in reine Maßlosigkeit und eine schwere Drogensucht mündete.

»Mit zunehmendem Alter sollte man sich beschränken«, höre ich immer wieder. Ich frage: Warum bloß? Sollte man, wenn die verbleibende Lebenszeit kürzer wird, nicht noch einmal aus dem Vollen schöpfen? Etwas Außergewöhnliches wagen und darauf pfeifen, was die Leute sagen? Sich über Konventionen hinwegsetzen und nur den eigenen Gefühlen folgen? Einfach mal unvernünftig sein und in den Tag hineinleben? Der Spruch »Man bereut im Leben nur die Dinge, die man nicht gemacht hat« stammt zwar nicht von Mae West, aber er passt perfekt zu ihrer Persönlichkeit. Und manchmal, so hoffe ich jedenfalls, auch zu meiner.

In erster Linie Mensch

Manchmal erfahre ich aus der Zeitung Erstaunliches, und ich frage mich: Spinnen eigentlich alle? Neulich passierte das an einem Tag, der mies gelaufen war und an dem mein Kopf trotz Tablette schmerzte. Also beschloss ich, eine Nacht darüber zu schlafen, bevor ich mein endgültiges Urteil fällte. Acht Stunden später ging es mir wieder gut. Und nach weiteren acht Minuten, die ich brauchte, um den Text über die sogenannte Genderisierung bei deutschen Primarschülern noch einmal zu lesen, fiel meine Reaktion wieder gleich aus: Die Welt spinnt! Laut diesem Artikel fällt es Kindern heute zunehmend schwer, zu beurteilen, ob sie sich als Mädchen oder Bub fühlen. Und dies könne im konkreten Fall dazu führen, dass manches Kind verunsichert sei, welche Toilette es nun benutzen solle. Als Lösung sah der Autor »genderfluide« WCs, die von allen benutzt werden könnten.

Die Gender-Politik geht davon aus, dass es naturgemäß keinen Unterschied zwischen Frauen und Männern gibt. Und dass wir aufgrund unserer Erziehung in unsere Rolle gedrängt werden. Dass mich also die rosa Kleider, die ich als Kind geliebt habe, und die Tatsache, dass ich in meiner Mini-Kinderküche begeistert Kuchen buk, zu der machten, die ich heute bin: eine Frau, die nie gut in Mathematik war (Klischee erfüllt), immer noch viel Freude an schönen Kleidern hat (Klischee erfüllt) und – aber, hallo! – trotz früheren Backfreuden heute nicht mehr gern in der Küche steht. Also war der Versuch meiner Eltern, mich als Mädchen zu prägen, doch nicht hundertprozentig erfolgreich. Denn trotz meinen Vorlieben für »Mädchensachen« war ich ein ausgesprochener Wildfang. Hätten Sie mich als Kind gefragt, ob ich mich als Mädchen oder Bub fühle, ich hätte wohl laut aufgelacht und geantwortet: »Ich bin doch einfach Silvia!« Und die Tatsache, dass meine energische Mutter zu Hause das Sagen hatte und mein Vater eher weich und verträumt war, hat auch nie dazu geführt, dass ich punkto Geschlechter verwirrt gewesen wäre. Meine Eltern waren einfach Mami und Papi.

Dass ich mich über diesen Artikel aufgeregt habe, hat nichts damit zu tun, dass ich Menschen, die sich in ihrer Identität nicht wohlfühlen, verurteilen würde. Im Gegenteil, ich stelle es mir als schrecklich vor, im falschen Körper zu leben. Auch die stereotypen Vorstellungen, wie sich Männer und Frauen in unserer Gesellschaft zu fühlen oder zu verhalten haben, finde ich völlig veraltet. Aber die Diskussionen, wo jetzt die Grenze zwischen Männlichkeit und Weiblichkeit zu ziehen sei, wenn es diese denn überhaupt gebe, halte ich für absurd. Und nebenbei: Genderfluide Menschen gab es schon immer. Denken Sie an Künstler wie David Bowie oder Mick Jagger, die sich gerade in dieser Hinsicht erfolgreich inszenierten. Und sich sicher nie gefragt haben, welche Identität nun die richtige sei.

Ich habe im letzten Dezember die Eltern meines Großneffen gefragt, was sich der Kleine, der noch nicht sprechen kann, wohl auf Weihnachten wünsche. Sie meinten, entweder einen kleinen Baukran oder ein Bäbi. Er bekam beides und spielt jetzt abwechselnd damit. Und wie er sich auch immer entwickeln wird, ich bin sicher, er wird von seinem Umfeld in seinen Neigungen und Interessen unterstützt werden. Denn wie für ihn, so gilt für uns alle: In erster Linie sind wir doch Menschen.

Gebratener Cervelat auf zwei Beinen

Wenn ich in der kalten Jahreszeit um die Mittagszeit aus einem überfüllten Tram aussteige, kann ich anhand der Ausdünstung meiner Kleider sagen, was die Menschen neben, vor und hinter mir gegessen haben. Selbst wenn es nur eine kurze Fahrt war: Mein Wollschal riecht eindeutig nach Curry. Dem Mantel haftet mehr als ein Hauch Kebab (mit einer großen Portion Zwiebeln) an. Und wenn mich meine Hunde bei der Begrüßung am liebsten auffressen würden, weil sie mich ein paar Stunden nicht gesehen haben, passiert dies nicht aus reiner Freude, sondern weil mich eine verführerische Gebratene-Wurst-Aura umgibt. Von jener Wurst, die wenige Minuten zuvor der Nachbar auf dem Nebensitz im Tram verschlungen hat.

Ich kann Millie und Louis gut verstehen. Der köstliche Duft eines knusprig gebratenen Cervelats kann auch mich entzücken. Besonders dann, wenn ich ihn draußen an einem Lagerfeuer genieße. Aber wenn sich dieser markante Geruch auf engstem Raum mit jenem von anderen »Köstlichkeiten to go« vermischt – vielleicht noch von leisen Schmatzern, dem einen oder anderen Rülpser oder gar einer anderen menschlichen Ausdünstung untermalt wird –, kann es sein, dass mir übel wird. Selbst wenn ich hungrig ins Tram gestiegen bin.

Und noch mühsamer wird es, wenn mein Magen schon vorher etwas angeschlagen war. Dann hilft nur noch das Aussteigen an der nächsten Haltestelle. Wenn Sie jetzt denken, es würde mir sowieso guttun, wenn ich mich etwas mehr bewegen würde, statt immer zu fahren, gebe ich Ihnen recht. Aber manchmal muss es im Alltag halt zügig gehen. Und die Termine nehmen keine Rücksicht auf Döner und Fritten.

Vielleicht bin ich pingelig, aber ich mag es einfach nicht, wenn meine Kleider und Haare nach Essen riechen. Das ist nicht nur nach dem Tramfahren so, sondern auch, wenn ich nach einem Nachtessen mit Freunden nach Hause komme und mich mein Mann mit der Feststellung begrüßt: »Ah, heute Abend gab es Fondue mit ein paar Gläschen Weißem«, oder schlicht mit: »Spaghetti aglio e olio«. Etwas mulmig wird mir, wenn er fragt: »Bist du sicher, dass der Fisch frisch war?«

Lustigerweise scheinen ihn Essensgerüche an mir weniger zu stören als mich selber. Das kann aber auch daran liegen, dass er momentan am Abend weniger isst, um etwas Gewicht zu verlieren. Da ist so ein gebratenes Güggeli – auch wenn es nur als Duftnote daherfliegt – durchaus willkommen.

Immer mehr Menschen essen am Bürotisch ihre Mahlzeiten, die sie vorher in der Mikrowelle aufgewärmt haben. Oder sie essen eben im Tram, im Bus, im Zug oder auf der Straße. Das wäre nichts für mich, weil für mich so der Genuss flöten geht. Aber auch bei mir kommt es vor, dass ich aus Zeitnot unterwegs eine Frucht oder ein Sandwich esse. Aber nie eine warme Mahlzeit in einem öffentlichen Verkehrsmittel!

Ich will vermeiden, dass der erste Eindruck, den ich auf andere mache, der eines gut gebratenen Cervelats auf zwei Beinen ist.

Große Momente

Wann haben Sie zuletzt etwas so Besonderes erlebt, dass Sie dachten: »So etwas Schönes, Berührendes oder Aufregendes kommt so schnell nicht wieder«? Manchmal ist einem bereits während dieser speziellen Momente klar, dass diese Minuten oder Stunden als Mini-Meilensteine in die eigene Lebensgeschichte eingehen werden. Sei es, dass man eine ganz wichtige Prüfung geschafft hat, ein Kind geboren hat oder ein anderer, lang ersehnter Traum endlich in Erfüllung gegangen ist.

Dann gibt es aber auch diese Erlebnisse, bei denen man sich erst im Nachhinein bewusst wird, wie besonders sie waren. Nicht, weil sie weltbewegend gewesen wären oder unglaubliche Konsequenzen gehabt hätten. Es wurde kein Leben gerettet, keine wichtige Wahl gewonnen, und es wurden auch nicht die richtigen Lottozahlen getippt. Und sie tauchten weder auf Facebook noch auf Instagram auf, weil sie einfach zu persönlich oder zu intim waren. Momente wie Sternschnuppen, die meistens viel zu schnell vergehen und deren flüchtiger Glanz das Leben jedes Mal wieder verzaubert, wenn man sich an sie erinnert. Der erste Ton an einem Open-Air-Konzert, der Zehntausende von Menschen elektrisiert und eine Energie schafft, die einen davonträgt. Oder das Glücksgefühl, wenn man nach einer langen Trennung den Liebsten wieder in die Arme schließen kann.

Leider gibt es nicht nur diese außergewöhnlichen Momente, die einen auch im Nachhinein noch wärmen, sondern auch die traurigen, bei denen man oft noch genau weiß, wann und wo sie passiert sind. Das letzte Telefongespräch mit meiner Mutter während meiner Ferien in Dubrovnik im Juni 2007. Ich erinnere mich nicht nur an den Tag und die Uhrzeit. Ich sehe mich auch noch auf der grünen Parkbank sitzen unter einem riesigen, blühenden Baum. Als sie am Ende unseres kurzen Gesprächs zum Abschied liebevoll sagte: »Wo immer du hingehst, ich bin bei dir.« Dass dies die letzten Worte sein würden, die ich von ihr hörte, wusste ich damals noch nicht, denn meine Mutter sagte nichts über irgendwelche Beschwerden. So fröhlich, wie meine Mutter klang, wäre ich nie auf die Idee gekommen, dass ich nur ein paar Stunden später von ihrem Tod erfahren würde. In meiner damaligen Trauer spürte ich noch nicht, dass dieser letzte Satz mich in den weiteren Lebensjahren immer begleiten und trösten würde.

Und dann gibt es noch jene fast etwas skurrilen Begebenheiten, die man gern unter Freunden zum Besten gibt. Über die man sogar lachen kann, weil sie seelisch schon lange verdaut sind. Eines meiner Highlights – oder sollte ich sagen: einer der Tiefpunkte? – ereignete sich vor vielen Jahren. Ich steckte damals in einer schwierigen Beziehung mit einem Mann, schaffte aber den Absprung nicht, obwohl ich zunehmend unglücklich war. Eines Tages rief mich dieser Freund an und sagte in seiner gewohnt eher barschen Art: »Ich habe eine Panne mit dem Auto, komm mich holen!« Was ich auch machte. Mit dem Abschleppen von Autos hatte ich keine Erfahrung, und das Unternehmen wurde dementsprechend desaströs. Mitten auf einer Kreuzung in Frauenfeld riss das Abschleppseil. Als ich ihn im Rückspiegel wütend gestikulieren sah, fuhr ich einfach davon. In dem Moment ahnte ich noch nicht, dass ich für mich damit auch die Beziehung beendet hatte. Was ich wenig später auch offiziell vollzog.

Die Doppelgängerin aus Neuseeland

Auf keine meiner Kolumnen wurde ich so oft angesprochen wie auf jene, in der ich über meine Doppelgängerin geschrieben habe. Eine Leserin der »Coopzeitung« hatte in einem Café im Städtchen Methven in Neuseeland ein Gemälde einer Künstlerin entdeckt. Darauf war eine blonde Frau porträtiert, die eine solch unglaubliche Ähnlichkeit mit meinen Kolumnenfotos hatte, dass sie mir schrieb und mich fragte, ob ich vielleicht neulich durch Neuseeland gereist sei und mich von dieser Künstlerin habe malen lassen.

Sie schickte mir ein Foto des Bildes mit meiner Doppelgängerin. Nicht nur ich war über die frappante Ähnlichkeit erstaunt. Vor allem mein Mann konnte fast nicht glauben, was er sah. Nur ein Detail war etwas anders: Meine Doppelgängerin trug ihre Haare ein paar Zentimeter länger als ich. Natürlich wollte ich wissen, ob es eine zweite Silvia in Neuseeland gibt oder ob die Künstlerin vielleicht ein Foto von mir aus dem Internet abgemalt hatte – was allerdings sehr unwahrscheinlich war. Genauso abwegig wie die Möglichkeit, dass jemand aus der Schweiz eine »Coopzeitung« mitgebracht und irgendwo am Ende der Welt liegen gelassen hatte. Nur etwas wusste ich sicher: Ich bin noch nie in meinem Leben in Neuseeland gewesen.

Die Leserin, die mir das Bild schickte, hatte auch den Namen der Künstlerin ausfindig gemacht. Doch mit dieser Sally Withell in Kontakt zu treten, erwies sich als nicht so einfach. Auf ihrem Facebook-Account war sie seit Jahren nicht mehr aktiv, und eine andere Website hat sie nicht. So schlief die Sache etwas ein, bis ich vor ein paar Wochen erneut eine Suche startete. Da sah ich, dass

Sally Withell im vergangenen November in einer Galerie Werke gezeigt hatte. Ich schrieb an die Galerie, die meine Anfrage an die Künstlerin weiterleitete, die sich dann rasch meldete. In einer Mail erklärte ich ihr »den Fall« und sandte ihr ein Foto von mir. Sie freute sich und war ebenfalls sehr erstaunt über die Ähnlichkeit zwischen ihrem Modell und mir. Sie schrieb, dass Lauren – so der Name meiner Doppelgängerin – Schottin sei. Zusammen mit ihrem Freund, mit dem sie inzwischen verheiratet sei, habe sie zwei Restaurants im nahen Skigebiet am Mount Hutt geführt. Während dieser Zeit habe Lauren bei ihr gewohnt. Das sei aber schon ein paar Jahre her, und inzwischen sei Lauren nach Nelson gezogen.

Sally schickte mir mehrere Fotos von Lauren aus der Zeit, in der diese bei ihr gewohnt hatte. Sie zeigten eine junge, sportliche Frau mit kurzen, hellblonden Haaren und mit ähnlichen Gesichtszügen wie die meinen. Die Ähnlichkeit war auch bei diesen Fotos groß, allerdings nicht so verblüffend wie auf jenem Bild, das Sally von Lauren gemalt hatte. Was mich so berührt, ist nicht die äußerliche Kopie meines Selbst, sondern, dass es die Künstlerin verstanden hatte, Laurens Wesen festzuhalten, in dem ich mich sofort wiedererkannte. Ich habe anscheinend nicht nur eine Doppelgängerin, sondern auch eine Seelenverwandte, die nicht nur die gleiche Körperhaltung und die gleiche Gestik hat wie ich, sondern auch »den gleichen Ausdruck in den Augen und das gleiche zurückhaltende Lächeln«. So beschreibt jedenfalls mein Mann seine Eindrücke.

Sally versprach, Lauren per Mail zu kontaktieren, um so einen Kontakt zwischen uns herzustellen. Leider habe ich bis jetzt noch nichts von meiner Doppelgängerin gehört. Aber Sie können sicher sein: Diese Geschichte ist noch nicht fertig geschrieben. Ich freue mich auf die Fortsetzung.

Dicke Kisten und pupsende Götter

Kürzlich saß ich mit einer guten Freundin bei unserem Lieblingsitaliener zusammen. Wir hatten gerade unsere Pizza gegessen, da zückte sie ihr Handy und hielt es mir hin. Die Fotos auf dem Display waren klar älteren Datums und zeigten eine wunderhübsche junge Frau in schwarzem Bikini. Die Haare vom Wind verwuschelt und völlig ungeschminkt, schaute sie, etwas verunsichert, in die Kamera. Die Fotos seien vor gut dreißig Jahren beim Surfen an der Atlantikküste von Biarritz entstanden, klärte sie mich auf. Ihr Exfreund habe die Bilder in einer alten Schachtel mit Erinnerungsstücken gefunden, sie abfotografiert und ihr geschickt.

Sie ist auch heute noch eine sehr attraktive Frau, aber klar, ihre Haut, die Haare und die Figur haben sich im Verlauf der Jahrzehnte verändert. Das ist völlig normal und löst keine schlechten Gefühle aus. Höchstens ein bisschen sentimentale.

Wenn ich alte Fotos von mir anschaue, passiert das auch. Wenn man mal von der etwas schrägen Mode der 1970er-Jahre absieht, sehe ich da eine junge Frau, die sich ihres guten Aussehens überhaupt nicht bewusst war. Im Gegenteil, ich fokussierte nur auf meine Schwächen. Lachend erinnerten wir uns, wie uns unsere Väter wegen unserer »dicken Kiste« und unserer »Stampfer« immer geneckt hatten. Auch wenn diese Bemerkungen nicht bösartig gemeint waren, hinterließen sie doch Spuren: Meine Freundin versteckte ihr Füdli jahrelang unter langen Blusen, und ich trug nur ungern Röcke. Und jetzt suchten wir auf den alten Fotos vergebens nach der vermeintlich »dicken Kiste«, entdeckten jedoch eine siebzehnjährige Schönheit, die heute innert zehn Minuten einen Modelvertrag bekommen würde. »Mein Aussehen von damals, gepaart mit meinem Selbstbewusstsein von heute, das wäre perfekt«, sinnierte meine Freundin selbstironisch.

Warum ich diese Geschichte erzähle? Weil ich das Gefühl habe, dass wir von einem Extrem ins andere gefallen sind. Während wir Teenager früher meist »kleingehalten« wurden, damit uns ein allfällig gutes Aussehen oder gute Leistungen nicht in den Kopf steigen sollten, werden die heutigen Kids von ihren Eltern oft behandelt, als seien sie kleine Götter. Jeder Pups wird bewertet, jeder Fortschritt auf den verschiedensten Kanälen geteilt – es scheint, als gäbe es in unserer westlichen Welt nur noch Superkids. Und so erstaunt es nicht, wenn bereits zehnjährige Mädchen mit Kussmund auf Instagram posieren oder gleichaltrige Buben mir die Welt erklären: »Das Wichtigste ist, ein cooles Image zu haben.« Natürlich soll man Kinder in ihrem Selbstbewusstsein auf allen Ebenen aufbauen, aber ihnen ständig das Gefühl zu geben, sie seien der Nabel der Welt, gebärt kleine Narzissten. Denn genau wie »dicke Stampfer« ein Leben prägen, fördert auch eine stete Glorifizierung die gesunde Entwicklung eines Menschen nicht wirklich.

Listige Listen

Ich liebe es, Listen zu schreiben, und ich führe sie für praktisch alle Lebensbereiche. Unter dem Punkt »Wohnung« steht aktuell: »Bettwäsche aussortieren, Nachttischlampe kaufen, Wand auf der Terrasse himmelblau streichen«. Sehr gern mag ich die Liste »Wünsche«. Ohne zu sehr in die Details zu gehen, hier einige der unverfänglichen Stichworte: »Drehbuchkurs in New York besuchen, Gleitschirm-Tandemflug buchen, Haare dunkelbraun färben«. Ihnen fällt sicher auf, dass die Machbarkeit auf beiden Listen eine andere ist. Ist die Erfüllung der Punkte auf der Wohnungsliste quasi ein Kinderspiel, wird es mit jenen auf der Wünscheliste schwieriger. Erstens, Drehbuchkurs: Bin ich nicht zu alt? Ist mein Englisch gut genug? Zweitens, Gleitschirm-Tandemflug: Geht das auch mit Höhenangst? Drittens, Haare braun färben: Mein Mann sähe das sicher entspannt, meine Freundin Jasna, die mir regelmäßig blonde Strähnchen färbt, weniger. »Nur über meine Leiche!«, warnte sie mich. »Du bist und bleibst eine Blondine.« Und bekanntlich sollte man der Coiffeuse seines Vertrauens nicht widersprechen, will man sich nicht eines Tages mit hennarotem Schopf aus dem Salon schleichen. Doch zurück zum Thema: Die Liste, die ich am wenigsten mag, heißt »To do«. Englisch ausgesprochen, tönt es irgendwie netter als der beinahe militärische Befehl: »Muss gemacht werden!« Und die Liste ist lang. Genauer gesagt umfasst sie 16,5 Punkte. Der halbe Punkt bezieht sich übrigens auf den halb gefüllten Wäschekorb, der noch weggebügelt werden müsste.

Der größte Genuss am Listenführen ist, Erledigtes durchzustreichen. Und zwar mit einem pinkfarbenen Stift, damit der Erfolg, den inneren Schweinehund überwunden zu haben, optisch sofort ins Auge fällt. Einfach fallen mir folgende Erledigungen: »den neuen Roman von Joël Dicker kaufen, Zitronenkuchen für den Geburtstag meines Neffen backen, Pediküre buchen«. Das Anforderungsprofil steigt, wenn es darum geht, den Kofferraum des Autos aufzuräumen, das Altglas zu entsorgen oder Rechnungen zu schreiben. Aber irgendwann sind auch diese Aufgaben erledigt, und mein schweinchenrosa Filzstift kommt zum Einsatz. Juhee! Die Erleichterung hält aber nur so lange an, bis ich realisiere, dass wieder einmal die gleichen Punkte auf meiner Liste stehen geblieben sind: »Badezimmer putzen, Wintermäntel in die Reinigung bringen, Kaffeemaschine entkalken, Zuckerkonsum reduzieren«.

Alle Bemühungen, diese Punkte endlich anzugehen, haben bis vor kurzem nicht gefruchtet. Deshalb habe ich sie an die oberste Stelle gesetzt. Ein Trick, der ja zum Beispiel bei politischen Listen funktioniert: Wer oben steht, hat bekanntlich die weitaus größeren Chancen, gewählt zu werden, als die Schlusslichter. Bei mir blieb die Maßnahme erfolglos. Auch mir selbst versprochene Belohnungen halfen nicht: Ein Punkt erledigt gleich eine Glace. Funktioniert nicht, weil ich ja vermehrt auf Zucker verzichten möchte.

Aber dann hatte ich eine geniale Idee: Ich tauschte meine ungeliebten Aufgaben mit denen meines Mannes. Das Badezimmer ist jetzt blitzsauber, der Kaffee schmeckt endlich wieder kalkfrei, und die Wintermäntel sind weg. Dafür habe ich unsere Velos geputzt, die Steuererklärung erledigt und die Medikamente nach Verfallsdatum sortiert.

Das nennt man wohl eine Win-win-Situation. Nur die Sache mit der Zuckerreduktion bleibt noch ein bisschen länger auf der Liste. Der Sommer ist schließlich noch lang. Und meine Lust auf Glace noch lange nicht gestillt.

Die Schnäppchenjägerin

Kürzlich hatte ich das Vergnügen, in Paris einen charmanten Parfumeur zu interviewen. Nach dem Treffen und bevor ich zum Flughafen fahren musste, hatte ich noch etwas Zeit. Also ging ich noch ein wenig bummeln. Wenig später befand ich mich in einem luxuriösen Warenhaus. Eine Kollegin aus Österreich, die ebenfalls mit von der Partie war, hatte mir dieses empfohlen. »Es gibt nichts Schickeres in der Stadt als diese Schuhabteilung«, hatte sie mir verraten. Und dabei grinsend auf ihre Füße gezeigt, die in ziemlich neuen Stiefeln aus Wildleder steckten. »Solch treue Begleiter, die einem bei jedem Wetter auf Schritt und Tritt folgen, findet man schließlich nicht alle Tage«, meinte sie.

Ich gönnte Barbara die neuen Schuhe – aber mein Budget hätten sie gesprengt. Doch da Schauen bekanntlich nichts kostet, schlenderte ich etwas später durch die äußerst verführerische Schuhabteilung. Ich hatte meinen Rundgang beinahe beendet, da traf es mich wie ein Blitz. Beim Anblick nachtblauer Stiefeletten war ich schockverliebt. Ohne zu zögern, nahm ich sie aus dem Regal und streichelte über das babyweiche Leder. Eine Verkäuferin, die mich beobachtet hatte, kam lächelnd auf mich zu. Ich war sicher nicht die erste Kundin, deren Blick vor lauter Begierde verschleiert war. So dauerte es keine Minute, und meine Füße hatten eine neue, verheißungsvolle Bekanntschaft gemacht. Und die Chemie stimmte: Die Schuhe schmiegten sich an meine Füße, als hätten sie nur darauf gewartet, von mir entdeckt zu werden.

Ein diskreter Blick aufs Preisschild ließ mein Herz noch schneller schlagen: ein Schnäppchen! Das wunderte mich zwar ein bisschen, weil das Modell aus der neuen Kollektion eines französischen Designers stammte, der nicht gerade dafür bekannt ist, günstig zu sein.

Beinahe beflügelt folgte ich der netten Verkäuferin in Richtung Kasse. Während dort die Stiefeletten sorgfältig in knisterndes Seidenpapier verpackt wurden, zückte ich meine EC-Karte. Kurz danach erschien auf dem Display eine Summe, die eindeutig eine Null zu viel anzeigte. Das erkannte ich, obwohl ich meine Lesebrille nicht trug. In meinem besten Französisch wies ich die Kassiererin auf ihr Versehen hin. Diese antwortete in perfektem Englisch, dass ich mich getäuscht hätte und es sich bei der Zahl tatsächlich um den richtigen Preis handle.

Meine Schockverliebtheit verwandelte sich augenblicklich in Scham und kurz darauf in Ärger über mich. In letzter Zeit war es nämlich immer wieder vorgekommen, dass ich, sogar wenn ich meine Lesebrille trug, die kleinen Preisschildchen, die an Sachen klebten, nicht mehr entziffern konnte. Und dieses Mal war ich durch die Ausschüttung von Glückshormonen so überwältigt gewesen, dass ich meinen Augen getraut hatte. Oder besser gesagt: trauen wollte. Und ich war mir sicher: Selbst mit der Brille auf der Nase wäre mein Blick zu getrübt gewesen, um die Realität zu erkennen.

Während die Verkäuferin meine Eroberung auf ihren ursprünglichen Platz zurückstellte, zog ich gesenkten Hauptes ab. Im Bewusstsein, dass mein nächster Kauf kein Schnäppchen sein würde, sondern eine Lesebrille mit stärkeren Gläsern.

Kuscheln und kämpfen

Auch als gut informierte Zeitgenossin erfahre ich immer wieder Dinge, die mich staunen lassen und bei denen ich mich frage: »Bin ich im falschen Film?« So ging es mir kürzlich, als ich im Radio von zwei gesellschaftlichen Trends hörte. Es ging einerseits um organisierte Kuschelabende und andererseits um das Gegenteil, sogenannte Rage-Rooms, in denen man in einem sicheren Rahmen Aggressionen ausleben kann.

Beides befremdete mich ein bisschen, aber ich war auch neugierig. Also hörte ich mir ein Interview an, in dem die Organisatorin der Kuschelevents über ihre Veranstaltungen sprach. Die Sexual- und Beziehungstherapeutin erklärte eindrücklich, wie sehr sich die Menschen in der heutigen hektischen, schnelllebigen Welt nach Berührungen, Wärme und Geborgenheit sehnen würden. Und dass dies im Alltag oft zu kurz komme. Darum biete sie Menschen die Möglichkeit, diese Bedürfnisse auszuleben. Natürlich gebe es klare Richtlinien bei diesen Zusammenkünften. Es gehe nicht um Erotik – gewisse, klar definierte Körperzonen seien darum auch von Berührungen ausgeschlossen –, und es werde nicht geküsst und gebe auch keinen Sex. Man teile die Berührungen zudem nicht nur mit einem einzigen Gegenüber, sondern auch zu dritt oder zu viert oder gar in einem »Kuschelhaufen«.

Schnell wurde mir klar, warum mich diese Sache irritierte. Körperliche Nähe, verbunden mit Sehen, Fühlen, Riechen und Spüren, ist für mich eine sinnliche Sache. Und die Vorstellung, dass mich eine mir unbekannte Person, die ich vielleicht nicht riechen kann oder die mir auf den ersten Blick nicht sympathisch ist, mich anfassen könnte, lässt mich schaudern. Doch wenn für mich diese Art von Nähe nicht passt, heißt es nicht, dass sie für andere Menschen nicht stimmen kann. Aber irgendwie macht es mich ein bisschen traurig, dass körperliche Intimität organisiert – und bezahlt – werden muss.

Etwas ratlos ließ mich auch der andere Radiobeitrag zurück, bei dem es um Rage-Rooms ging. Diese Räume, die es an verschiedenen Orten in der Schweiz gibt, sollen einem die Möglichkeit geben, Aggressionen auszuleben. Allein oder zu zweit, körperlich gut geschützt durch einen reißfesten Anzug, mit Gummihandschuhen und einem Helm aus Panzerglas, kann man so mit Vorschlaghammer, Baseballschläger oder mit einem Brecheisen Geschirr, Flaschen oder auch (zu einem Aufpreis) elektronische Geräte zerstören. Wem die Aggressionen durch die vielseitigen Sicherheitsmaßnahmen zwischenzeitlich vergangen sind, kann diese durch laute Musik wieder anheizen. Selbst wenn Minderjährige und Betrunkene von diesen »Events« ausgeschlossen sind, finde ich auch diese Erlebniskultur zweifelhaft. Auch wenn es sich nur um einen Spaß-Event handelt. Würde es nicht mehr Freude machen, vielleicht eine neue, abenteuerliche Sportart auszuprobieren, um so einen Adrenalinkick zu erleben, statt sinnlos Gegenstände zu zertrümmern?

Mein Fazit: Man kuschelt mit Fremden, um Nähe und Geborgenheit zu spüren, und verpackt sich beinahe hermetisch in Schutzkleidung, um Gefühle loszulassen, die im Alltag keinen Platz haben. Irgendwie irrational das Ganze. Ich klappe jetzt mal den Laptop zu und schaue, wo meine Hunde stecken. Vielleicht haben die beiden Kampfkuschler ja Lust auf eine Runde Streicheleinheiten.

Mehr Zeit fürs stille Örtchen

Vielleicht werden Sie die folgende Kolumne in der Kategorie »unnützes Wissen« einordnen. Ich bin allerdings der Meinung, dass solches durchaus seine Berechtigung hat. Sei es, um bei einem langweiligen Small Talk mit überraschenden Fakten zu punkten. Sei es, weil es im besten Fall lehrreich ist oder uns amüsieren kann.

Aber ich erzähle Ihnen das jetzt einfach einmal. Kürzlich habe ich gelesen, dass Männer durchschnittlich mehr Zeit auf der Toilette verbringen als Frauen. Gern auch in Begleitung einer Zeitung, eines Buches oder des Smartphones. Aus meiner bisherigen Erfahrung im Zusammenleben mit männlichen Partnern – Hund Louis ausgeschlossen – kann ich nur bestätigen, was das deutsche Marktforschungsinstitut GfK in einer repräsentativen Umfrage herausgefunden hat. So sitzen Frauen maximal fünf Minuten auf dem WC, Männer hingegen bis zu fünfzehn Minuten. Der Grund dafür liege darin, dass Männer auf der Toilette die Ruhe genießen würden. Laut einer von der britischen Zeitung »Independent« zitierten Studie seien das durchschnittlich siebzig Stunden pro Jahr. Und darin sind schwierigere »Sitzungen«, wie zum Beispiel im Krankheitsfall, nicht mitberechnet.

Sind Sie nicht auch ein bisschen neugierig, welche Gründe sich hinter diesem männlichen Rückzug verbergen? Vor allem, weil laut gängigen Klischees der Gang zur Toilette meistens mit Frauen in Verbindung gebracht wird. Etwa, wenn sie diese im Restaurant oder Klub am liebsten mit einer oder mehreren Freundinnen aufsuchen.

Das ist bei den Männern definitiv anders: Dreiundzwanzig Prozent suchen auf dem WC nicht den sprachlichen Austausch, sprich Klatsch, sondern empfinden die Toilette – oder auch das Badezimmer, wenn sich diese dort befindet – als »sicheren Zufluchtsort«. Etwas ungläubig nahm ich die Aussagen von vierzehn Prozent der Befragten zur Kenntnis, dass ihnen dieser intime Ort nicht nur »Schutz« biete, sondern auch, dass sie die freie Zeit hier »so gemütlich« wie möglich verbringen möchten. Dazu gehöre auch, hin und wieder gewisse Nahrungsmittel zu verstecken, um sie dann in aller Ruhe zu genießen. Aber meine Herren, wo bleibt da die Hygiene?

Dass eine Ruhepause auf dem WC durchaus gesundheitsfördernde Aspekte hat, erfuhr ich in einem weiteren Artikel: Da sich fünfundachtzig Prozent aller deutschen Arbeitnehmer im Job gestresst fühlen würden, helfe der Gang auf die Toilette, um sich bewusst zu entspannen. Dieser Meinung ist der Präsident der Deutschen Gesellschaft für Mann und Gesundheit e.V., Professor Doktor Frank Sommer. Und die sogenannte Pipipause solle eben nicht im Eiltempo durchgeführt oder gar unterdrückt werden. Sich den Toilettengang vor lauter Stress zu verkneifen, könne dem Körper schaden. Dann fülle sich nämlich die Blase immer mehr und leiere am Ende geradezu aus, was zu einer sogenannten »lazy bladder« (faulen Blase) führen könne.

Mit dieser Erkenntnis ist mein Reservoir an unnützem Wissen für heute gut gefüllt. Aber bitte vermeiden Sie beim nächsten Small Talk das Thema »lazy bladder«! Es eignet sich suboptimal in Verbindung mit Prosecco und Häppchen.

Die Kunst des Schenkens

In wenigen Tagen werden wieder viele Augen vor Rührung feucht glänzen. Aber es gibt auch jene Menschen, die sich mit Weihnachten schwertun. Vielleicht, weil sie die Einsamkeit stärker als sonst spüren. Einen geliebten Menschen besonders stark vermissen. Oder weil sie keine Lust haben, »glückliche Familie« zu spielen, während man sich unter dem Jahr alles andere als wohlgesinnt war. Und dann wäre noch das Thema Geschenke, an dem sich die Gemüter scheiden. Unbestritten ist meistens, dass kleinere und größere Kids beschenkt werden dürfen. Aber was ist mit den Erwachsenen?

Immer mehr meiner Freunde verzichten bewusst auf Weihnachtsgeschenke, weil das Schenken für sie Stress bedeutet und weil sie es überflüssig finden, da sie alles haben, was sie brauchen. Oder weil sie zu bequem sind, sich Gedanken darüber zu machen. Eine durchaus vernünftige Einstellung. Andere, wie meine Familie, haben sich für das Wichteln entschieden. So habe auch ich bereits Anfang November per Whatsapp erfahren, wem ich etwas schenken und in welchem Preisrahmen die Gabe liegen darf. Ich konnte es mir nicht verkneifen, etwas schnippisch zu antworten: »Soll ich auch noch den Kassenzettel beilegen, damit alles seine Ordnung hat?«

Zugegeben, eine kindische Reaktion. Schließlich hatte ich dem Wichteln ja zugestimmt. Nicht, weil ich es eine tolle Idee gefunden hätte. Aber ich wusste, dass ich mit meiner Abneigung gegen jegliche »Vorschriften«, nicht nur was das Schenken betrifft, auf ziemlich verlorenem Posten gestanden wäre. Ob sich auf diese Weise unnütze Geschenke vermeiden lassen, bezweifle ich aber.

Wäre es nicht sinnvoller, auf Alibigeschenke zu verzichten und sich einfach darüber zu freuen, dass man gemeinsam einen schönen Abend verbringen kann? Wer nur schenkt, damit er am 24. Dezember nicht mit leeren Händen dasteht, kann es doch auch sein lassen. Man kann ja auch unter dem Jahr schenken, einfach aus Lust und Laune oder weil man vielleicht auf einer Reise etwas gesehen hat, von dem man weiß, dass es Freude bereiten würde. Eine sinnvolle Variante ist auch, im Namen des zu Beschenkenden einer wohltätigen Institution eine Spende für Menschen oder Tiere zukommen zu lassen. Nicht alle sind in der Lage, großzügig auf Geschenke verzichten zu können.

Die Eigenschaft, das Schenken zu lieben, teile ich übrigens mit meiner Schwester Jeannette. Sie können sich sicher vorstellen, dass am Ende des Weihnachtsabends zwischen uns die eine oder andere Geschenktüte – natürlich ganz im Verborgenen – die Besitzerin wechselt. Wir beide waren bis vor kurzem noch überzeugt, dass von dieser Geheimaktion bisher niemand etwas gemerkt hatte. Aber inzwischen glaube ich, dass man sich über uns amüsiert, wenn wir jeweils, natürlich ganz zufällig, vor dem Abschied noch rasch unter vier Augen etwas besprechen müssen.

Was das Schenken betrifft, musste ich allerdings auch lernen, den Wunsch meiner besten Freundin zu akzeptieren, die zu Weihnachten weder schenken noch beschenkt werden möchte. In allen anderen Fällen werde ich mir diese Freude nicht nehmen lassen. Egal, ob es sich nur um eine Kleinigkeit oder auch einmal um ein unvernünftiges Geschenk handelt, das mein Budget überschreitet. Und so sollte doch das Schenken funktionieren: als ein Zeichen von Liebe. Und diese lässt sich bekanntlich nicht beziffern. Aber auch nicht erzwingen.

The Man in Black

Mein Mann trägt Schwarz. Ausschließlich. Im Sommer höchstens mal Grau, eine »fröhliche Sommerfarbe«, wie er das bezeichnet. Das war schon vor zweiundzwanzig Jahren so, als ich ihn kennen lernte, und es hat sich im Lauf der Zeit nicht geändert. Er ist und bleibt: the Man in Black. Auch wenn ich selber Farben liebe, habe ich seine Überzeugung nie infrage gestellt. Ich finde diese klare Linie auch ziemlich cool. Jedenfalls solange er nicht von mir erwartet, dass ich mich als schwarze Witwe herausputze.

Ich erzähle dies, weil ich vor ein paar Tagen einen Artikel gelesen habe, in dem es darum ging, inwiefern man versuchen sollte, seinen Partner nach seinen Wünschen zu verändern. Der romantische Vorsatz, seinen Liebsten so zu nehmen, wie er ist, überstehe kaum jemals die ersten zwölf Monate – also die Zeit der größten Verliebtheit. Sei diese vorbei, dürfe man den Partner verändern, und man müsse es sogar!

Dieser provokanten Meinung ist Christian Thiel. Der Philosoph und Beziehungsexperte hat das Buch »Liebe ist, den Partner nicht so zu nehmen, wie er ist« geschrieben. Er ist überzeugt, dass, wer seine Wünsche ständig zurückstelle, mit der Zeit total frustriert werde. Und dass dies in der Regel nicht zu mehr Zweisamkeit, sondern zu Entfremdung führe. »Solange nicht versucht wird, den Charakter eines Menschen umzubiegen, sondern lediglich sein Verhalten, ist das im grünen Bereich«, sagt Thiel. Nun frage ich mich: Kann man das Verhalten eines Menschen von seinem Charakter trennen? Zeigt sich nicht gerade im Verhalten oder im Auftreten der Charakter eines Menschen?

Mir sind jedenfalls die Männer und vor allem Frauen, die ihre Partner ständig »optimieren« wollen, ein Graus. Warum soll ich Dinge am anderen, die mir am Anfang gefallen haben oder mich nicht störten, zu ändern versuchen?

Ich komme zurück zu meinem Mann. Seine Liebe zu Schwarz ist eine tief verwurzelte Überzeugung. Er würde aus Liebe zu mir sicher auch mal ein weißes Hemd anziehen. Aber was bringt es mir, wenn er sich darin nicht wohlfühlt? Natürlich sollte man Wünsche äußern können, solange es nicht auf ein Umerziehen des Partners hinausläuft. Doch wenn mich wirklich etwas stört oder ich mir etwas Bestimmtes wünsche, dann äußere ich dies auch. Und entweder mein Gegenüber ändert dies oder eben nicht. Mir ist jedenfalls ein Mann mit »eigenem« Kopf tausendmal lieber als einer, der alles macht, nur um mich zufriedenzustellen.

PS: Bei unserer Strandhochzeit im letzten Sommer hätte ich meinem Mann allerdings ein helleres Tenue gewünscht. Bei über dreißig Grad im Schatten wäre ein weißes Hemd vielleicht doch angenehmer gewesen.

Trostpreis oder Hauptgewinn

Auch wenn Sie (noch) keine Erfahrung mit Online-Dating gemacht haben, kennen Sie sicher jemanden, der dazu die eine oder andere Geschichte erzählen kann. Denn im Gegensatz zu früher, als eine Heiratsvermittlerin »späte Mädchen« und »einsame Junggesellen« unter die Haube bringen musste, weiß heute fast jedes Kind, dass »Singles mit Niveau« bevorzugt Akademiker daten möchten. Aber auch Menschen mit weniger Niveau – dafür mit etwas mehr fleischlichen Begierden – haben heute Chancen, auf diese Weise fündig zu werden. Das Angebot ist groß, wenn auch nicht immer ganz übersichtlich.

Während bei gewissen »Seitensprung«-Portalen klar ersichtlich ist, wohin der Hase laufen soll (nämlich in Richtung Schlafzimmer), tummeln sich auf anderen Dating-Apps mehr oder weniger diskret Suchende, die man eigentlich in festen Händen wähnte. So erzählte mir eine Freundin, die seit längerer Zeit online unterwegs ist, dass sie auf der wohl bekanntesten Flirt-App gleich zwei verheirateten Kollegen »begegnet« sei. Sehr amüsiert hat mich, dass es bei dieser App eine eigene »Abteilung« für suchende VIPs gibt, die für »Normalsterbliche« nicht einsehbar ist. Ich fragte mich, welche Kriterien man wohl erfüllen muss, um da aufgenommen zu werden. Reicht es, eine sogenannte B- oder C-Promi zu sein, oder bekommen nur Schweizer A-Prominente Zugang zu diesem elitären Klub? Dann allerdings wäre das Dating-Spektrum sehr klein.

»Glaubst du«, fragte ich darum kürzlich meinen Angetrauten, »dass ich Chancen hätte, da als ›Bestsellerautorin‹ bei den VIPs aufgenommen zu werden? Undercover, sozusagen, damit ich später eine Story über meine Erlebnisse schreiben könnte?«

»Vergiss es«, sagte er lachend, »keine Chance!« Was er damit genau meinte, weiß ich nicht. Etwa, dass ich nicht einmal Cervelat-Promi-Status hätte? Oder dass er nicht möchte, dass ich auf diesem Gebiet recherchiere? Hoffen wir, dass es ihm um Letzteres ging.

Doch zurück zum Dating-Field, das manchmal wirklich ein Minenfeld ist. Ja, es stimmt: Es gibt sie immer noch, die sechzigjährigen Männer, die so eine »adäquate« Partnerin suchen, »die sowohl im Bikini als auch im Abendkleid eine gute Figur macht«. Die aber bitte nicht älter als fünfunddreißig sein darf. Und ja, Single-Frauen über fünfzig tun sich schwer, eine neue Beziehung zu finden. Und es stimmt, es ist nicht schwierig, auf einer App einen Mann oder eine Frau für gewisse Stunden zu finden. Aber eine echte Begegnung, die einem ein paar Schmetterlinge in den Bauch zaubert? Oder sich sogar noch weiterentwickeln könnte?

Auch wenn sich auf diesen Apps und Portalen viele männliche und weibliche »Trostpreise« finden, bedeutet das nicht, dass nicht auch der Hauptgewinn dabei sein könnte. In meinem Freundeskreis tut sich nämlich Erstaunliches. Gleich zwei neue Paare haben sich online gefunden, eines davon ist im Hochzeitsfieber. Eine ehemalige Chefin hat ihren Liebsten auf einer Flirt-App kennen gelernt und ist heute, allen Unkenrufen zum Trotz, glückliche Mutter eines kleinen Sohnes. Und einer meiner ältesten Kollegen, der schon lange im Ausland lebt, hat über eine Gay-App seinen neuen Lebenspartner kennen und lieben gelernt.

Jemand Neuen kennen zu lernen, Vertrauen aufzubauen, ihm das Herz zu öffnen, braucht Mut. Denn seien wir ehrlich, mit zunehmender Erfahrung fällt das nicht leichter. Aber egal, ob der erste Schritt virtuell oder in der Realität gemacht wird: Ohne ihn zu wagen, gibt es keine Chance auf ein kleines oder größeres Glück.

Thirsty Dancing

»Gehen wir wieder mal tanzen?«, fragte mich meine langjährige Freundin Priska in einem so angestrengt lockeren Ton, dass mir klar war: Dies war ein wirklich großer Wunsch von ihr. Denn wenige Wochen vor ihrem fünfzigsten Geburtstag hatte die alleinerziehende Mutter eines Teenagers beschlossen, ihre familiären Aufgaben ein bisschen ruhen zu lassen und wieder mal etwas »Cooles« zu unternehmen. Bevor ich – ohne Lesebrille – den Flyer entziffern konnte, den sie mir unter die Nase streckte, ahnte ich, um was es sich bei dieser Veranstaltung handelte: eine 1980er-Jahre-Party für reifere Menschen. Da ich Priska nicht enttäuschen wollte, stellte ich mich dieser Herausforderung. Aber welcher Look eignet sich für einen solch bedeutenden Anlass? Ein bisschen »Material Girl« à la Madonna, kombiniert mit Kim Wildes rosa geschminktem Schmollmund und Kylies Lockenpracht (Perücke?). Später entschied ich mich für einen eher fantasielosen Look: verwaschene Mother-Jeans, Cowboy-Boots, ein altes Rolling-Stones-Shirt mit dem legendären Zungen-Logo.

Drei Tage später stand ich kurz vor zweiundzwanzig Uhr – man sollte solche Anlässe nie zu früh besuchen – auf etwas unsicheren Beinen vor Priskas Haustür. Ob dies nun vom Prosecco kam, mit dem ich mir ein bisschen Mut angetrunken hatte, oder von den ungewohnt hohen Hacken? Was mich fast umhaute, war dann allerdings der Anblick meiner sonst so konservativ gekleideten Freundin: Vor mir stand ein Suzi-Quatro-Double in Mini-Lederjupe, hautenger Bluse und Nietenstiefeln. Priska strahlte mich so freudig an, dass ich mir den Hinweis verkniff, dass Suzi eigentlich ein Kind der 1970er war. Auch Priska war schon etwas vorgewärmt, und so beschlossen wir, das Tram zu nehmen. Dort wurde uns allerdings mehr Aufmerksamkeit zuteil, als ich mir gewünscht hätte. Aber Priska schien die Blicke der anderen Fahrgäste richtig zu genießen.

Eine Stunde später rockte sie die Tanzfläche so, dass Suzi Quatro stolz gewesen wäre. Auch ich hatte mich von Prince, Blondie und Donna Summer anstecken lassen, war aber froh, dass die meisten Songs keinen Tanzpartner verlangten. Der aufgedrehten Priska hätte ich es allerdings auch zugetraut, dass sie sich bei einem Slow den Nächstbesten geschnappt hätte. Nach einer Stunde wechselte der Sound: Statt der Partykracher waren jetzt Weichspüler dran. Kim Carnes besang »Bette Davis' Eyes«, Leonard Cohen sehnte sich nach »Suzanne«. Als »Forever Young« von Alphaville erklang, war nicht nur der Raum in Dunkelheit getaucht, auch meine Stimmung wurde immer melancholischer. Und während Priska zu »The Time of My Life« aus dem Film »Dirty Dancing« alles gab, unterdrückte ich ein Tränchen (wo sind bloß die tollen Jahre geblieben?) und trank noch ein Gläschen Wein, frei nach dem Motto: »Thirsty Dancing«.

Zum Glück wurde die Musik wieder flotter. Und ich wieder fröhlicher. Als wir gegen zwei Uhr in der Früh mit dem Taxi auf dem Heimweg waren, kicherten wir wie Teenies. Nur Priskas Frage: »Wann machen wir das wieder?«, überhörte ich geflissentlich. Gewisse Erlebnisse müssen einfach einzigartig bleiben.

Liebe macht dick

Seit ich mit meinem Mann zusammen bin, habe ich zugelegt. Ich bin zwar nicht fett, doch die Tage, an denen die Jeans an der Taille locker saßen, sind definitiv vorbei. Ich habe in den letzten zwanzig Jahren sicher zehn Kilo zugelegt. Das sind zwei Kleidergrößen. Diese Tatsache macht mich nicht gerade glücklich, aber alle guten Vorsätze scheitern spätestens dann, wenn ich am Abend vor einem kross gebratenen Wiener Schnitzel mit hausgemachtem lauwarmem Kartoffelsalat sitze, den mein Göttergatte zubereitet hat. Denn, das muss gesagt werden, mein Mann ist ein hervorragender Koch.

Zum Glück hat er auch ein paar Kilo zu viel auf den Rippen. Klage ich und sage: »Nur weil du so gut kochst, bin ich auseinandergegangen wie ein Hefeteig«, lacht er nur und meint: »Soll ich denn absichtlich schlecht kochen?« Damit ist die Diskussion dann auch meistens beendet, und die fröhliche Schlemmerei kann weitergehen. Natürlich weiß ich, dass nicht nur die manchmal etwas üppige Küche meines Mannes schuld an der Gewichtszunahme ist. Auch zu wenig Bewegung und die einsetzenden Wechseljahre haben ihren Tribut gefordert. Nun habe ich kürzlich etwas gelesen, das mein schlechtes Gewissen etwas mildert: Eine Studie des Max-Weber-Instituts für Soziologie an der Uni Heidelberg hat ergeben, dass Paare, die in einer glücklichen, stabilen und langjährigen Beziehung leben, häufig Gewicht zulegen. Eine Befragung von zweitausend Personen führte zu diesem Ergebnis. Hat man es gut miteinander, wird man dicker, kriselt es zwischen den Partnern, nimmt man ab. Ursache für die rundlichen Paare: Ihnen fehlt der Konkurrenzdruck. Im Gegensatz dazu schauen Singles viel stärker auf ihr Gewicht und treiben mehr Sport, um auf dem Partnermarkt attraktiv zu bleiben.

Das sind zwar spannende Erkenntnisse, die allerdings nicht so überraschend sind. Ich erinnere mich, dass ich in Phasen mit oder nach einem Liebeskummer immer am schlanksten war. Nur genießen konnte ich meine sehr schlanke Linie nicht, war ich doch furchtbar unglücklich. Ging es mir wieder besser, nahm ich automatisch auch wieder zu. Und jetzt eben diese zehn Kilo zu viel. Da ich (ein bisschen) eitel bin, Freude an schönen Kleidern habe und für meinen Mann auch weiter attraktiv bleiben möchte, werde ich von morgen an besser auf meine Ernährung achten, mich mehr bewegen und sämtlichem Junkfood entsagen. Heute Abend muss ich leider noch passen: Mein Mann ist bereits in der Küche und bereitet ein Rahmgulasch mit frischen Spätzli zu. Und ich will ja keinen Ehestreit vom Zaun brechen, denn er mag keine Frauen, die nur ein bisschen vom Teller picken. Aber morgen ist ja auch noch ein Tag…

So glücklich ist eine launische Diva

»So fangen Sie Ihr Glück ein!«, las ich kürzlich in einem Frauenmagazin. Obwohl ich mir bewusst war, dass die Geschichte nicht halten würde, was der Titel versprach, löste bereits das G-Wort bei mir einen pawlowschen Reflex aus. Vergleichbar einem Hund, dem der Speichel im Maul zusammenläuft, wenn er ein Glöckchen hört, das er durch die Erfahrung mit Futter verbindet. So startete in meinem Kopfkino ein ganz eigener Glücksfilm: eine Mischung aus Lovestory, Comedy und Action-Movie, unterlegt mit meinen Lieblings-Soundtracks.

Welche Szenen in meinem Glücksfilm vorkamen? Das verrate ich natürlich nicht im Detail, denn Glücksmomente sind etwas sehr Intimes. Nur so viel: Für die Romantikerin in mir sind sie mit Liebe, Leidenschaft und Romantik verbunden. Die Abenteurerin hingegen möchte Adrenalin und unbegrenzte Freiheit spüren. Während meine innere Realistin – oder besser gesagt: die Spießerin – bereits glücklich ist, wenn mein Alltag stabil verläuft, die monatlichen Rechnungen bezahlt werden können und meine Lieben gesund und munter sind.

Wie vieles im Leben, so haben sich auch meine Ansprüche ans Glück mit den Jahren verändert. Heute verleihen mir Dinge und Beschäftigungen Glücksmomente, über die ich früher nur mitleidig gelächelt hätte: Zehn Stunden ungestörter Schlaf in einem kuschligen Bett, herrlich! Aber bitte, schlafen kann ich noch genug, wenn ich tot bin. Ein Samstagabend ganz allein zu Hause inklusive eines Rendez-vous mit Netflix und einer Familienpackung Vanilleglace. Mann, bist du langweilig! Hast du keine Ahnung, was du draußen alles verpasst? Die Ferien immer wieder mal am gleichen, kleinen Strand in Südfrankreich verbringen? Wie dröge, genau wie deine Eltern, die zwanzig Jahre lang ins gleiche Hotel nach Sardinien fuhren.

Doch haben wir denn überhaupt einen Anspruch auf Glück? Oder fordern wir damit nicht genau das Gegenteil heraus? Für mein letztes Buch »Glück ist deine Entscheidung« schilderten mir alte Menschen zwischen achtzig und hundert Jahren, wie sie immer wieder um ihr ganz persönliches Glück gekämpft hatten, wenn ihnen dieses durch Krisen, Schicksalsschläge und Verluste genommen worden war. Wenn es also darum geht, sich sein eigenes Glück zu erhalten oder zurückzuerobern, ist dieser Anspruch durchaus legitim. Denn wir fordern nicht – von wem auch immer –, glücklich gemacht zu werden, sondern übernehmen selber Verantwortung.

Schwieriger wird es, wenn wir mit einer Erwartungshaltung an die Glückssache herangehen, etwa mit dem Anspruch: Ich verdiene es, glücklich zu sein, schließlich habe ich dies oder das dafür getan, es wäre also nur gerecht! Meine Erfahrung: Das Glück ist eine launische Diva, die sich zu nichts zwingen lässt. Aber wir können versuchen, sie zu umschmeicheln und zu umwerben, um sie mit blumigen Worten und Versprechungen zu bitten, uns doch einen Besuch abzustatten. Und kommt es dann wirklich zu diesem so erhofften Besuch – natürlich, wenn wir ihn am wenigsten erwarten –, sollten wir uns hüten, das Glück festhalten zu wollen. Denn dann ist es schneller weg, als wir gucken können. Und wenn wir Pech haben, beglückt es gerade jene, denen wir es am wenigsten gönnen. Was mich betrifft: Ich bin keine Glückssucherin, sondern habe Vertrauen in mein Schicksal, dass es mich immer wieder finden wird.

Cry Baby

Der Flug war anstrengend gewesen, und wie so oft landeten wir mit einer ordentlichen Verspätung in Zürich Kloten. Und natürlich hatte ich vor dem Abflug in Neapel im Duty-free-Shop viel zu viel eingekauft (in Zürich gibt es ja keine Läden!) – und irgendwie hatte ich mir die Wartezeit ja vertreiben müssen, bis ich endlich ins Flugzeug steigen konnte.

So kam es, dass ich neben meiner mit sehr viel Überflüssigem gefüllten Handtasche – ich könnte mit den Dingen, die ich täglich mit mir herumschleppe, eine Woche in der Pampa überleben – eine prall gefüllte Plastiktüte in Richtung Gepäckausgabe schleppte. Sie enthielt: zwei Packungen Fusilli, zwei Gläser Sugo, eine Flasche Wein, drei vakuumverpackte Würste für den Liebsten und die beiden Fellnasen, die neusten Magazine, drei Schokoladen mit karamellisierten Haselnüssen und eine neue Regenjacke – die fünfzig Prozent verbilligt war, weil es bekanntlich in Süditalien eher selten regnet.

Ich bringe von Reisen sehr gern Geschenke mit, aber in solchen Momenten, in denen ich mich wie ein schwer beladener Esel fühle, frage ich mich schon, warum ich mir das antue. Und just im Moment dieser tiefgründigen Überlegungen riss mein Plastiksack und meine Einkäufe landeten sehr unsanft auf dem Boden. Hastig versuchte ich diese in meine Handtasche zu packen, was natürlich ein Ding der Unmöglichkeit war, da diese bereits prall gefüllt war. Eine Mitpassagierin steckte mir beim Vorübergehen mit einem leicht vorwurfsvollen Blick, der wohl bedeuten sollte: »Jute statt Plastik, Mädel!«, einen Leinenbeutel zu.

Während ich begann, diesen zu füllen – natürlich half mir niemand dabei –, ging eine entnervte Mutter mit ihrem brüllenden Baby auf dem Arm an mir vorbei. Das Kind hatte etwa die gleiche Gesichtsfarbe wie ich, nur dass der Grund dafür sicher ein anderer war. Ich tippte auf eine volle Windel, die ihm diese rosigen Wangen bescherte.

Während ich also die letzten Einkäufe in die viel zu kleine, dafür politisch korrekte Tasche steckte, kam mir ein revolutionärer Gedanke: Was, wenn ich jetzt, statt leise zu fluchen, meine wahren Gefühle zum Ausdruck bringen würde, so wie es das Baby getan hatte? Was wäre es für eine Erleichterung, all meinen Frust rauszulassen! Natürlich würde man mich für unzurechnungsfähig halten, aber dafür müsste ich mich für einmal nicht zusammennehmen. Ich stellte mir vor, wie gut es sich anfühlen würde, einfach auf dem Boden hocken zu bleiben und erst mal ganz babylike eine Runde zu heulen.

Danach würde ich die Flasche Wein öffnen (danke für den Schraubverschluss!), mir einen hinter die Binde gießen und dazu die Nussschokolade verdrücken. Falls mein Mann – und das hoffte ich sehr – dann noch im Ankunftsbereich auf mich warten würde, würde ich ihm schwer beschwipst mit den eingeschweißten Würsten zuwinken und mich in seine Arme werfen. Ich bin mir sicher, ich würde mich noch viel wohler fühlen als das Baby an der Brust seiner Mutter, das sich gewiss wieder beruhigt hatte.

Alterslose Freundschaft

Keine Sorge, das wird keine Ratgeber-Kolumne mit Tipps, wie man im Handumdrehen neue Freunde gewinnt! Wenn ich nämlich wüsste, wie das geht, würde ich ein Buch darüber schreiben, das zum internationalen Bestseller avancieren würde. Und weil Fünfzig das neue Dreißig ist, ginge es nicht lange, und Hollywood würde anklopfen. Sie glauben mir nicht? Ich verweise an dieser Stelle auf Dr. Ruth Westheimer. Die inzwischen neunzigjährige Fachfrau in Liebes- und Sexfragen ist in den USA heute noch sehr gefragt. Nach meiner Ankunft in Los Angeles würde ich ein Drehbuch schreiben und im daraus entstandenen Blockbuster an der Seite von Ryan Gosling die Hauptrolle spielen. Gosling würde sich in mich verlieben und mit mir im offenen Ford Mustang in den kalifornischen Sonnenuntergang brausen.

Doch zurück in den Alltag und zum Thema Freundschaften. Es gibt ja bekanntlich Menschen, die behaupten, ab einem gewissen Alter bräuchten sie keine neuen Freunde mehr. Jene, die sie kennen, würden ihnen reichen für den Rest ihres Lebens. Ich kann diese Einstellung durchaus nachvollziehen. Freundschaften zu pflegen, ist eine intensive Angelegenheit. Und die Frage ist natürlich auch: Wie wichtig sind einem Freunde? Wer lieber stundenlang auf dem Velo oder vor dem Fernseher sitzt, setzt einfach andere Prioritäten. Jedem das Seine.

Besonders schön finde ich es, wenn sich neue Freundschaften überraschend ergeben. Und dies über alle Alters- und andere Grenzen hinweg. So ist es mir letzthin ergangen, als ich sehr reife Menschen für ein neues Buch interviewt habe. Einer von ihnen ist Paul.

Eine Kollegin hatte ihn mir mit den Worten ans Herz gelegt: »Du musst ihn kennen lernen. Er ist mein Lieblingsonkel, ein außergewöhnlicher Mann.« Ich traf Paul zu einem Kaffee. In der Hotellobby erwartete mich ein großer, schlanker Mann mit grauem, fülligem Haar und herzlichem Lächeln. Ich traute meinen Augen nicht. War dieser »Onkel Paul« wirklich schon einundneunzig Jahre alt? Auch während unseres Gesprächs erinnerte nichts daran. Der Funke sprang schnell über. Paul beschrieb mir sein aufregendes Leben – er hatte mit seiner verstorbenen Frau lange in Afrika gelebt. Und beinahe hätte ich mich ein bisschen in diesen spannenden Mann verguckt.

Am Ende unseres Interviews war mir Paul so vertraut, als würde ich ihn bereits mein halbes Leben kennen. Und auch Paul schien mich zu mögen. Ich hatte also neue Inspirationen für das Buch über Freundschaften gefunden. Für die Bestseller-Verfilmung hat Ryan Gosling allerdings Konkurrenz bekommen. Ich sage nur: Neunzig ist das neue Sechzig!

Die geheime Macht der Gedanken

Als erfolgreicher Arzt wird mein Freund P. immer wieder als Redner für medizinische Kongresse gebucht. So auch vor ein paar Wochen. Gewohnt selbstbewusst bestieg er das Podium, um einem großen Fachpublikum neue Studienergebnisse aus seinem Fachgebiet, der Allergologie, zu präsentieren. »Gerade als ich mit meinen Ausführungen beginnen wollte, stockte mir der Atem«, erzählte er. Natürlich wollte ich wissen, was P. so aus der Fassung gebracht hatte. Ein ungewohnter Anflug von Nervosität oder gar eine Panikattacke? Die schlagartige Erkenntnis, dass er sein Manuskript zu Hause vergessen hatte? Oder nur die simple Tatsache eines offenen Hosenschlitzes?

Nichts davon! P. sah von der Bühne aus, dass neben der ersten Stuhlreihe riesige Vasen voller Sonnenblumen standen. Und auf diese Blumen reagiert P. seit seiner Kindheit extrem allergisch, mit tränenden Augen, Niesattacken und Asthma.

»Ich war quasi in einer Schockstarre«, erinnerte er sich. Ich konnte mir gut vorstellen, dass einem Profi wie ihm das Hinterteil auf Grundeis gegangen war. Denn ob seine Kolleginnen und Kollegen Verständnis dafür aufbringen würden, dass er, als Facharzt, nicht einmal die eigene Gesundheit im Griff hatte? Und wie glaubwürdig konnten seine Ausführungen sein? Denn Glaubwürdigkeit ist bekanntlich das A und O in jedem Beruf, nicht nur bei einem Arzt. Oder würden Sie einen Termin bei einer Coiffeuse buchen, deren Kopf aussieht, als hätte sie ihre violetten Haare seit der Streetparade 2015 nicht mehr gewaschen? Bei einer Verkäuferin einkaufen, deren ausgefranste Jeans den Fußboden polieren? Oder bei einem

Fahrlehrer Stunden buchen, der eine ausgeprägte Rechts-links-Schwäche hat?

Natürlich hätte sich P. mit einer launischen Bemerkung selber auf die Schippe nehmen können. Aber eine vermeintliche Schwäche zuzugeben, ist nicht so seine Sache. Vor allem nicht vor Kollegen. Und so erstaunte es mich nicht, dass P. mit größter Beherrschung die Rede durchzog, »obwohl ich schon nach drei Minuten merkte, wie mir das Atmen schwerer fiel und meine Augen zu tränen begannen«.

Fünfundvierzig Minuten später war es geschafft. »Ich musste mich zusammennehmen, um nicht fluchtartig den Saal zu verlassen.« Nachdem er den Applaus entgegengenommen hatte, schluckte er, zurück auf seinem Platz, eine antiallergische Tablette, die er in seiner Mappe immer dabeihat. Und siehe da, schon nach kurzer Zeit waren die schweren allergischen Beschwerden verschwunden.

Für seine Verhältnisse sehr früh verabschiedete sich P. – noch vor dem üblichen Apéro, der den Abschluss solcher Veranstaltungen bildet. Er hatte die Tür des Saals bereits geöffnet, als er hörte, wie eine unbekannte Stimme hinter ihm sagte: »Die Dekoration war wirklich spitze. Niemand hat gemerkt, dass die Sonnenblumen künstlich waren. So können wir beim nächsten Event Geld sparen.«

Ich rechne es P. hoch an, dass er mir dieses Erlebnis so ehrlich beichtete. Normalerweise zählen für ihn nur Fakten. Und die Vorstellung, dass Gedanken eine solche Macht über ihn haben könnten, hätte er früher als »Hokuspokus« abgetan.

Merke: Man(n) lernt nie aus.

Zeigen Sie die Zähne!

Aggressives Verhalten ist mir unangenehm und macht mir sogar Angst. Kürzlich saß ich in einem Straßencafé, als wenige Meter von mir entfernt zwei Gruppen junger Männer aufeinander losgingen. Diese Prügelei löste in mir leichte Panik aus. »Seltsam«, dachte ich, nachdem sich die Jungs wieder beruhigt hatten und zum gemeinsamen Friedensbier schritten, »in Filmen lassen mich solche brutalen Szenen kalt.«

Wann haben Sie eigentlich zum letzten Mal Wut gezeigt? Nicht dass Sie handgreiflich wurden, sondern in der Form, dass Sie unmissverständlich klarmachten, dass Sie mit einer Situation oder dem Verhalten gewisser Menschen nicht einverstanden waren? Ich bin ein eher sanftes Gemüt. Ob dies an meinen Erfahrungen oder meinem Charakter liegt? Keine Ahnung. Ich mag keinen Streit und keine lautstarken Auseinandersetzungen; wenns grob wird, ziehe ich mich zurück. Man könnte mich auch als harmoniesüchtig bezeichnen.

Doch je älter ich werde, desto schwieriger wird es für mich, gute Miene zum bösen Spiel zu machen. Und manchmal sind auch Gesten oder Worte nicht genug, um zu zeigen, wie sehr einen etwas in Rage bringen kann. So wie kürzlich, als ich in der Stadt mit dem Auto unterwegs war und sah, wie ein gut gekleideter Geschäftsmann seinem Hund Fußtritte verpasste, weil dieser nicht schnell genug Pipi machte. Ich hätte den Typ umbringen können, und hätte ich die Möglichkeit gehabt, ich wäre ausgestiegen und hätte diesem Idioten – ohne Rücksicht auf Verluste – meine Meinung gegeigt. Trotz meiner Zurückhaltung habe ich in meinem

Leben nie gezögert, meine Meinung kundzutun. Schwierig war es allerdings, wenn ich mich sehr emotional fühlte. In solchen Situationen werden wir Frauen ja gern als »Furie« oder »hysterisches Weibsbild« bezeichnet.

Trotzdem täte es uns gut, mal mit der Faust auf den Tisch zu hauen, um so zu signalisieren: »Fertig lustig!« Egal, ob es sich um Ungerechtigkeiten im Job, im Privaten oder um gesellschaftliche Probleme handelt. Denn wenn ein sonst ruhiger und überlegter Mensch einmal so offensiv handelt, verschafft er sich Gehör.

Dass man im Leben hin und wieder Gas geben kann, darauf wies mich auch kürzlich eine junge Kollegin hin. Nach einem beruflichen Meeting, bei dem ich ziemlich »unter die Räder« gekommen war, meinte sie: »Ich bewundere deine Coolness. Ich an deiner Stelle hätte vor Wut in den Tisch gebissen.« Meine erste Reaktion war, mich zu rechtfertigen: »In der Ruhe liegt die Stärke!« Aber nach kurzem Nachdenken musste ich ihr recht geben: Manchmal sollte man seinen Gefühlen einfach freien Lauf lassen, statt Contenance zu bewahren. Man muss ja nicht gleich den unschuldigen Tisch traktieren oder seine Zähne riskieren; seinem Gegenüber emotionsgeladen ins Gesicht zu sagen: »Spiel dein mieses Spiel in Zukunft allein!«, ist doch schon ein Anfang. Oder nicht?

Hypochonder lassen grüßen

Vielleicht kennen Sie diesen TV-Spot, in dem ein erkälteter Mann im Bett liegt und mit ersterbender Stimme seine Frau bittet: »Kannst du meine Mutter anrufen?« Worauf ihm seine entnervte Liebste ein Medikament zuwirft, frei nach dem Motto: »Da, nimm, du Jammerlappen!«

Der Mann leidet sicht- und hörbar, während sich die Frau im Krankheitsfall nicht nur zur Arbeit schleppt, sondern auch den Haushalt be- und die Kinder versorgt.

Dieses Klischee wird immer wieder gern auf allen Kanälen verbreitet. Und ehrlich gesagt, ganz so klischiert ist es auch nicht, wenn ich mich in meinem Freundes- und Familienkreis umschaue. Als ich mich für mein Buch »Älterwerden für Anfänger« mit dem Männerarzt Christian Sigg über dieses Thema unterhielt, bestätigte er, dass ein Mann bei leichteren Beschwerden gern mal den Märtyrer spielt, um so ein bisschen umsorgt zu werden. Er sagte aber auch, dass genau der gleiche Mann ernsthaftere Symptome gern verdrängt. Und dies unglücklicherweise oft so lange, bis es dann wirklich zu einem Zusammenbruch oder Schlimmerem kommt. Denn im Gegensatz zu Frauen, die durch verschiedene hormonelle Veränderungen immer wieder dazu gezwungen werden, sich mit ihrem Körper auseinanderzusetzen, haben viele Männer keinen wirklichen Bezug zu ihrem. Wichtig ist einfach, dass dieser funktioniert. Die meisten Frauen können dank ihrer Sensibilität viel realistischer einschätzen, wie krank oder gesund sie wirklich sind.

Doch zurück zum sterbenden Schwan … ähm … Mann. In meiner Beziehung läuft es anders. Da gehöre ich zur eher flügellahmen Fraktion, die beim leisesten Anzeichen eines entzündeten Halses gleich auf eine eitrige Angina schließt, nachdem sie sich im Internet »schlau«gemacht hat – man kann übrigens an einer verschleppten Halsentzündung schlimmstenfalls tatsächlich sterben! Mein Mann dagegen geht auch fiebrig tapfer zur Arbeit. Und bereitet mir am Abend – falls es uns gemeinsam erwischt hat – auch noch ein Süppchen zu.

Manche Menschen, die mich kennen, würden mich als »etwas wehleidig« bezeichnen. Ganz falsch! Ich bin einfach sensibel, und ich habe eine dünne Haut. Dies führt dazu, dass ich eben nicht nur das Schöne, sondern auch das Schwere oder Schmerzhafte doppelt so stark empfinde wie andere. Zudem verfüge ich über eine ziemlich ausgeprägte Fantasie. Schon der Schulpsychologe bestätigte meinen Eltern vor vielen Jahrzehnten, dass er noch nie ein Kind abgeklärt habe, das über eine so intensive Vorstellungskraft verfüge wie ich. Als Autorin hat mich diese schon zu manchem Höhenflug geführt, aber wenn ich bei einem intensiven Kribbeln im linken großen Zeh bereit bin, mich mental auf meinen Abschied von dieser Welt vorzubereiten, fühle ich mich in dieser Hinsicht eher als Bruchpilotin.

Ich glaube, ich muss jetzt ein Päuschen einlegen. Irgendwie zuckt mein Auge äußerst beunruhigend. Höchste Zeit, dieser Sache nachzugehen. Ich halte Sie selbstverständlich auf dem Laufenden.

Ein himmlisches Butterbrot

Es war einer jener Morgen, an denen ich beim Aufwachen am liebsten die Decke über den Kopf gezogen hätte. Grund dafür war ein schlechter Traum: Ich saß hungrig an einem schön gedeckten Tisch in einem vornehmen Restaurant. Mein Bauch knurrte so laut, dass mir der Kellner böse Blicke zuwarf. Während am Nebentisch feinste Speisen serviert wurden, wartete und wartete ich auf mein Essen: ein frisches Erbsensüppchen, Saltimbocca mit Weißwein-Risotto und zum Dessert ein Stück Vacherin-Torte. Kurz vor dem Verhungern stellte mir der Kellner dann einen Teller vor die Nase: Kopfsalat ohne Sauce. »Mit freundlichem Gruß aus der Küche. Leider hat sie vor zehn Minuten geschlossen«, sagte er süffisant lächelnd. Ich war reif für einen Mord.

»Vielleicht solltest du wieder einmal Kohlenhydrate essen, dann hättest du nicht solche Albträume«, sagte mein Mann trocken, nachdem ich ihm mein Leid geklagt hatte. Als er mir dann noch sein köstliches Butterbrot unter die Nase hielt, giftete ich: »Du bist ja noch schlimmer als der Kellner in meinem Traum.« – »Wenn du Diät hältst, dann bist du echt nicht auszuhalten«, entgegnete der Gatte und biss genussvoll in sein Brot.

Etwas später saß ich hungrig und übellaunig im Büro. Es dauerte nicht lange, und eine Kollegin steckte mir einen Sack frische Gipfeli entgegen. Nachdem sie die Büchsen mit den Eiweißpulvern auf meinem Pult erblickt hatte, meinte sie nur lachend: »En Guete!« Als am Nachmittag eine andere Kollegin Geburtstagskuchen verteilte, hätte ich mich beinahe unter meinem Pult versteckt, damit ich bei seinem Anblick nicht schwach würde. Ich motivierte mich inzentiv. Immerhin hatte ich bereits achtundvierzig Stunden meiner Eiweiß-Shake-Diät durchgehalten. Da waren doch die restlichen fünf Tage à vierundzwanzig Stunden ein Klacks! Und als Belohnung würde ich Ende der Woche drei Kilo weniger wiegen.

Den Abend verbrachte ich allein. Mein Mann hatte mit Freunden zum Essen abgemacht. Immerhin durfte ich wählen, ob ich den »köstlichen« Schoko-, den »fruchtigen« Erdbeer- oder den »sämigen« Vanilledrink als »Nachtessen« genießen wollte. Ehrlich gesagt schmeckte die Schokolade nach den Kohletabletten, die ich als Kind bei Durchfall nehmen musste. Der Erdbeerdrink erinnerte mich an Bazooka-Kaugummi, und statt des Vanilledrinks hätte ich auch gleich meine »Tahiti«-Bodylotion trinken können. Neidisch schaute ich meinem Hund Louis zu, der leidenschaftlich an einem Knochen nagte. Ich musste ihm einen solch gierigen Blick zugeworfen haben, dass er um sein Futter zu fürchten schien: Jedenfalls trottete er mit seinem Knochen so schnell, wie er als zwölfjähriger Hundesenior kann, Richtung Tür. Dort drehte er sich noch einmal um, und zwischen seinem verächtlichen Schnauben glaubte ich, seine Botschaft zu hören: »Der Kühlschrank ist voll. Dein Bauch leer. Menschen sind einfach doof.«

Ich erschrak. Litt ich etwa unter Halluzinationen? Bedenklich, dass ich, ausgehungert wie ich war, Stimmen zu hören glaubte. Und dazu noch tierische! Ich musste handeln – natürlich aus rein medizinischen Gründen und nicht etwa aus Mangel an Disziplin. Das Butterbrot schmeckte köstlich. Das zweite, mit Honig bestrichene, trieb mir vor Wonne beinahe die Tränen in die Augen. Und dann kam die Krönung: die Brotscheibe mit Nuss-Nougat-Creme! Ich schlief so tief, dass ich nicht hörte, wie mein Mann heimkam. Da die Küche Spuren meiner nächtlichen Freuden aufwies, fragte er am Morgen nicht, warum ich so unverschämt gute Laune hatte. »Welcome back«, grinste er. »Lust auf eine Eiweiß-Omelette?«

Öffentliche Schönheitspflege

Auf meinem Arbeitsweg erlebe ich immer wieder mal eine Überraschung. Jedenfalls wenn ich mit dem Tram unterwegs bin. Im Auto ist die Privatsphäre doch etwas größer. Könnte man jedenfalls meinen. Allerdings bekommt man auch hier hin und wieder Einblicke, bei denen man sich sagt: So genau wollte ich das auch nicht wissen.

So demonstrierte vor ein paar Wochen auf der A1 bei Lenzburg eine Frau in einem schnittigen schwarzen Mercedes SLK, wie sie sich die Zeit frühmorgens im Badezimmer spart: Sie putzte sich am Steuer mit einer elektrischen Zahnbürste die Zähne. Und das auf der Überholspur. Und nein, die Meldung war kein verspäteter Aprilscherz, ein Leserfoto im »Blick« bewies diese ziemlich idiotische Säuberungsmaßnahme. Da stellen sich mir doch ein paar Fragen. Erstens: Putzt sich die Fahrerin die Zähne mit oder ohne Zahnpasta? Zweitens: Trocken oder feucht? Drittens: Und wie viele Tassen fehlen ihr im Schrank? Die ersten zwei Fragen bleiben unbeantwortet. Bei der dritten vermute ich: ziemlich viele.

Das Zähneputzen in der Öffentlichkeit ist immer noch (!) eine Seltenheit, alle anderen Verschönerungspraktiken allerdings nicht.

Zunehmend werde ich Zeugin von intimen Handlungen. Und damit meine ich nicht zwischenmenschliche Kontakte. So packte kürzlich mein Vis-à-vis im voll besetzten Tram frühmorgens ihr Necessaire aus und begann sich hingebungsvoll zu schminken. Die Frau war vielleicht dreißig Jahre alt, dem Teenageralter also definitiv entwachsen. Interessiert schaute ich zu, wie sie Schicht um Schicht, Farbe um Farbe auflegte, und dies ohne jegliches

Zittern der Hände. Es hätte nicht viel gebraucht und ich hätte ihr applaudiert, als sie, ohne Spiegel, ihre Wimpern perfekt getuscht hatte. Hier war ein echter Profi am Werk.

Seltsamerweise reagierte niemand auf ihre Verschönerungsmaßnahmen. Erst als sie begann, ihr langes, braunes Haar inbrünstig zu bürsten, mokierte sich ein junger Mann mit dem Spruch: »Du gäll, jetzt holsch aber nid no dis Parfum use!« Worauf die junge Dame schnippisch entgegnete: »Hey du, echli Parfum chönnt dir jedefalls nid schade.«

Diese Schlagfertigkeit ließ mich laut auflachen, denn ich gehöre zur Fraktion der Frauen, die sogar Mühe haben, in der Öffentlichkeit die Lippen zu schminken. Für mich gehört das Schminken und Zurechtmachen hinter die Badezimmertür.

Vielleicht ist das eine altmodische Haltung, denn schließlich ist ja heutzutage in den öffentlichen Verkehrsmitteln jeder mit sich selber beschäftigt, egal, ob jemand am iPhone hängt, die Gratiszeitung liest oder aus dem Fenster starrt. Sollte sich allerdings jemand die Fußnägel schneiden oder sich die Nasenhaare auszupfen, werde ich definitiv auf den öV verzichten und ins Auto steigen. Ich hoffe allerdings, dass dann nicht der schwarze Mercedes mit der Zahnputzfrau unterwegs ist.

Lieder fürs Leben

Blätterten unsere Eltern früher in ihren Fotoalben, wenn sie in Erinnerungen schwelgen wollten, zücken wir heute unser Handy. So können wir unsere Lieblingsbilder auch über die sozialen Netzwerke mit all unseren Freunden teilen. Neben den visuellen Eindrücken, die viele Erlebnisse unvergesslich machen, gibt es für mich auch eine andere Möglichkeit, die mich innert Sekunden in eine andere Welt eintauchen lässt. Und so die verschiedensten Gefühle weckt: wehmütige, glückliche, traurige oder sehnsüchtige. Kaum höre ich die ersten Takte einer Melodie, sehe ich vor meinem inneren Auge Bilder aus der Vergangenheit. Sie sind, so nenne ich sie, »mein inneres Kino« oder »meine Daily Soap«.

Es gibt bekanntlich Menschen, die ein fotografisches Gedächtnis haben. Andere, die sogenannten Synästhetiker, hören Farben und sehen Töne und haben so einen zusätzlichen Kanal der Wahrnehmung, in dem die Welt bunt und voller Geschmack ist. Bei mir ist es die Musik, die diese Welt zum Erwachen bringt. Ich würde jetzt gern behaupten, dass nur qualitativ hochstehende Musik diese Gefühle wecken kann. Das ist allerdings nicht der Fall, denn das Leben ist bekanntlich, auch in dieser Hinsicht, kein Wunschkonzert. Und so findet so manches Musikstück Eintritt in mein Herz, das ohne hormonelle Einwirkung, zum Beispiel bei Liebesfreud oder -leid, nie Eingang in meine reale CD-Sammlung gefunden hätte.

Höre ich beispielsweise den Heuler »Total Eclipse of the Heart« von Bonnie Tyler, spüre ich auch heute noch den Schmerz, den ich als Teenager empfand, als mich der Schulschatz abservierte.

Jahrzehnte später hatte der Song »Goodbye My Lover« von James Blunt den gleichen Effekt. Allerdings mit einem anderen Hauptdarsteller. Nie hätte ich aber vor meinen intellektuellen Freunden zugegeben, dass »Weichspüler« Blunt einer meiner Lieblingsinterpreten war.

Ich kann keinen Song der britischen Trip-Hop-Band Portishead hören, ohne dass ich von bittersüßen Erinnerungen überflutet werde. Dann halte ich inne, egal, was ich gerade tue oder wo ich bin. Dasselbe passiert mir bei »Don't Look Back in Anger« von der Brit-Pop-Band Oasis. Dieser Songtitel ist inzwischen auch zu einer Art Lebensmotto von mir geworden.

Auch wenn viele Musikstücke auf meiner inneren Playlist wehmütig erscheinen, gibt es natürlich auch jene Songs, die mit sehr freudigen und fröhlichen Erlebnissen verbunden sind. Zwei Takte von »Alors on danse« von Stromae, und mein Herz beginnt zu hüpfen, und ich sehe mich am Strand von Saint-Tropez im weißen Hochzeitskleid tanzen. Bei »Lemon Tree« der deutschen One-Hit-Wonder-Band Fool's Garden tauchen nicht ganz jugendfreie Bilder auf. Und die (musikalischen) Erinnerungen an »36 Grad« von 2raumwohnung sorgen dafür, dass ich sogar im Winter ins Schwitzen komme, denn ich hörte das Lied zum ersten Mal in einem altersschwachen Auto ohne Klimaanlage auf dem langen Weg in den Süden.

Ich sammle sie also weiter, die zauberhaften, musikalischen Erinnerungen, und hoffe, dass sie auch in Zukunft meinen Alltag versüßen werden.

Mein Verhältnis mit Macklemore

Woran ich merke, dass ich älter werde? Es sind nicht nur die untrüglichen äußerlichen Zeichen, die mich manchmal aus der Ruhe bringen. Auch die innere Balance, die ich mir durch die Verarbeitung bestimmter Ereignisse zusammengebastelt habe, ist nicht immer so stabil, wie ich es mir wünschte. Aber ich habe gelernt, gewisse Bemerkungen, die sich unter anderem auf mein Alter beziehen, gelassen zu nehmen. Oder darüber zu lachen, wie bei der Frage meiner Freundin Jasna (38): »Hörst du auch andere Musik als Klassik?« Bei meinem Musikgeschmack wäre die richtige Frage gewesen: »Gibt es klassische Musik, die du magst?«

Bleiben wir also beim Thema Musik und Älterwerden. Als ich vor ein paar Wochen erfuhr, dass der Rapper Macklemore ans »Zürich Openair« kommt, habe ich sofort zwei Tickets gekauft. Ich mag den etwas verrückten Typ und seine Songs gern, weil er und seine Lieder vor Ironie strotzen. Ich hatte auch keinen Zweifel, dass mich jemand aus meinem Freundeskreis liebend gern ans Konzert begleiten würde. Selbst wenn es erst nach zweiundzwanzig Uhr begann. Da es ja an einem Samstagabend stattfinden würde, könnte man seine Gute-Nacht-Toilette, die Yogaübung für einen guten Schlaf und den Verdauungstee gut mal um zwei oder drei Stunden nach hinten schieben. Oder nicht?

Falsch gedacht. Hier einige der Antworten, die ich auf meine Einladung hörte: »Du, dieser Mäckelmur, wer ist das?« – »Das hätte ich also nicht gedacht, dass du in deinem Alter noch solche Musik hörst!« – »Ich habs eher so mit Chill-out-Musik, Rap macht mich nervös.« – »Ich hasse Open Airs!« – »Ich würde echt gern mitkommen. Aber meine Mutter hat Geburtstag / meine Freundin wird vierzig / meine Katze hat Bauchweh.« Und so weiter. Der Tiefschlag aber war die Bemerkung: »Findest du es nicht irgendwie rassistisch, dass deine beiden Lieblingsrapper (Anmerkung: Eminem und Macklemore) weiß sind?« Okay, sorry, das war mir noch nie aufgefallen, aber zu meiner Verteidigung kann ich anfügen, dass mir auch Tupac Shakur und The Notorious B. I. G. immer gut gefallen haben. Und ja, ich weiß, dass beide bereits tot sind.

Das Verhältnis zwischen Macklemore und mir war bereits vor diesem Ereignis etwas getrübt. Vor zwei Jahren schenkte mir mein Mann nämlich zum Geburtstag ein Ticket für den Macklemore-Auftritt am »Moon & Stars«-Festival in Locarno. Ich wäre allein ans Konzert gegangen, da mein Mann – »nicht meine Musik« – mich zwar ins Tessin, aber nicht zu Macklemore begleiten wollte. Als wir am Gotthard im Stau standen, stellte ich entsetzt fest, dass ich mein Ticket zu Hause vergessen hatte. Also umkehren. Obwohl ich die Wohnung auf den Kopf stellte, fand ich das Ticket allerdings nicht mehr. (Viele Monate später habe ich es zufällig im Geheimfach meines Sekretärs entdeckt.) Natürlich reisten wird dann doch noch gen Süden. Schließlich hatte unser Hotelzimmer am See ein kleines Vermögen gekostet. Statt Macklemore auf der Piazza in Locarno gab es dann Pizza auf der Piazza in Ascona. Ich hatte verständlicherweise wenig Appetit.

PS 1: Weil mich diese Geschichte immer noch ein bisschen mitnimmt, schaue ich mir jetzt mein Lieblingsvideo von Macklemore und Skylar Grey auf Youtube an: »Glorious«. Vielleicht mögen Sie es ja auch.

PS 2: Die Zürich-Tickets habe ich zwei achtzehnjährigen Frauen geschenkt. Sie haben sich sehr gefreut.

Stärker, als man denkt

Wie gehen Sie mit Schwierigkeiten um? Damit meine ich nicht die täglichen nervigen Situationen: den Stau auf dem Weg zur Arbeit. Den schwitzenden und wild gestikulierenden Nachbar im Tram, der seit zehn Minuten rücksichtslos in sein Handy schreit. Die viel zu kurze Nacht mit wenig Schlaf und vielen Albträumen. Oder den Berg von Arbeit, der nicht kleiner zu werden scheint.

Ich meine damit jene Situationen im Leben, die durchaus existenzielle Auswirkungen haben können: einen drohenden Jobverlust oder Arbeitslosigkeit. Eine eigene Krankheit oder jene eines Familienmitglieds. Die Depression, die alles in Dunkelheit taucht. Oder ein Burn-out, das sämtliche Kräfte zu rauben scheint. Glück haben jene Menschen, die in solch schwierigen Zeiten ein unterstützendes Umfeld haben. Aber leider müssen wir die großen Herausforderungen des Lebens bekanntlich allein meistern.

Diesbezüglich habe ich so manche Überraschung erlebt. Menschen, von denen ich geglaubt hätte, sie würden sämtliche Widrigkeiten mit ihrem Selbstbewusstsein und/oder ihrem überzeugenden Auftreten meistern, besaßen oft nicht die Kraft dazu. Und bei jenen sensiblen Geschöpfen, um die ich mich am meisten sorgte – weil ich überzeugt war: ein Windhauch, und sie liegen am Boden –, zeigten eine unglaubliche Kraft bei der Bewältigung scheinbar unüberwindbarer Hindernisse. Die Fähigkeit, diese Situationen zu er- und überleben, nennt man Resilienz. Wer sie besitzt, kann sich glücklich schätzen.

Manchmal täte es gut, sich in ruhigen Zeiten ein paar Gedanken zu machen, wie man selber mit solchen Herausforderungen umgegangen ist. Was einem geholfen hat, nicht aufzugeben, und wo die eigenen Kraftreserven liegen, die man im Fall eines Falles anzapfen könnte. Natürlich gibt es keinen Masterplan für die Bewältigung von Krisen. Aber es ist doch gut, sich zu erinnern, wie viele schwierige Situationen man im Laufe seines Lebens bereits geschafft hat. Denn die meisten von uns neigen ja dazu, Positives zu vergessen und sich über eigenes »Versagen« aufzuregen.

Ich habe das Sich-Sorgen-Machen quasi erfunden. Und ich war lange Zeit meines Lebens überzeugt, dass ich eben zu jenen Sensibelchen gehöre, denen bei Schicksalsschlägen die nötige Widerstandskraft fehlt.

Irgendwann in den letzten Jahren beschloss ich aber, mich nicht weiter selber zu torpedieren. Ich setzte mich hin und schrieb detailliert auf, welche Herausforderungen – vor denen ich mich am meisten im Leben gefürchtet hatte – ich überstanden hatte. Und aus denen ich sogar stärker hervorgegangen bin. Ich war echt überrascht, wie viele es waren. Ja, manchmal wollte ich alles hinschmeißen und mich unter der Bettdecke verstecken, bis das Ärgste vorbei war. Doch ich schaffte es, mich den Dingen zu stellen. Und ich erlebte, dass die Realität, die ich so gefürchtet hatte, eine ganz andere war. Und manchmal erwuchs aus ihr sogar ein (hart erkämpftes) Happy End.

Resilienz ist kein Schicksal. Man kann sie trainieren. Ich bin das beste Beispiel dafür.

Alte Geschichten aufwärmen

Ein gemeinsames Nachtessen mit Freunden nahm plötzlich eine gefährliche Wendung. Die Stimmung war heiter, die Wangen vom Wein leicht gerötet. Da begann der männliche Teil eines Pärchens, das bald seinen fünfundzwanzigsten Hochzeitstag feiern kann, eine Geschichte zu erzählen, die offensichtlich schon weit in der Vergangenheit lag. Es ging um eine verpasste Zugfahrt, schlechtes Wetter, ein liegen gebliebenes Auto und eine Liebeserklärung im Regen.

Kaum hatte er geendet, fuhr ihm seine Partnerin in die Parade und bemerkte ziemlich scharf: »Was erzählst du da? Das war doch ganz anders!« Und sie begann, ihre Version der Geschichte zu erzählen. Weitere fünf Minuten später war aus der gemeinsamen Rückschau ein fast gehässiges Geplänkel geworden, in dem beide zunehmend rechthaberisch auf ihrer Fassung der Geschichte bestanden.

Es hätte nicht viel gebraucht, und das Wortgefecht wäre in einen währschaften Streit ausgeartet. Zum Glück erzählte eine andere Freundin eine lustige Geschichte aus ihrem Leben, in der sie aufzeigte, wie gewisse Ereignisse im Gedächtnis völlig unterschiedlich abgespeichert werden. Und überhaupt, wer kann zwanzig Jahre nach einer Erfahrung noch sagen, wie sich die Dinge genau abgespielt haben? Und wen, außer die beiden Protagonisten, interessiert das überhaupt?

Apropos Interesse: Wie halten Sie es eigentlich, wenn Ihr Partner oder Ihre Partnerin zum x-ten Mal eine Geschichte aus seiner oder ihrer Vergangenheit erzählt? Eine Geschichte, die Sie notabene schon einige Male gehört haben? Heucheln Sie Interesse, stellen Sie Ihre Ohren auf Durchzug, oder können Sie es nicht lassen und machen eine giftige Bemerkung?

Vor Jahren dachte ich noch, dies sei ein Problem sehr alter Paare, aber in letzter Zeit beobachte ich dieses Phänomen auch in meiner Beziehung und in jenen mit meinen langjährigen Freundinnen: Wir wiederholen uns. Und unser Gegenüber müsste gar nicht weitererzählen, das könnten wir gleich selber übernehmen. Und diese Situation ist natürlich keine Einbahnstraße, auch ich liebe es, gewisse Erlebnisse immer wieder Revue passieren zu lassen.

Alte Geschichten oder Erlebnisse in Erinnerung zu rufen – egal, ob man sie als Paar, mit Freunden oder der Familie teilt –, kann durchaus wohltuend sein und einem das Gefühl von Geborgenheit geben. Auf diese Weise sind auch Verstorbene plötzlich wieder ganz nah, und wir fühlen uns »ganz«.

Trotzdem dürfen wir nicht vergessen: Es ist wichtig, immer neue Geschichten gemeinsam zu erleben. Denn diese bieten nicht nur Stoff, um sie in vielen Jahren nachzuerzählen, sondern sie geben unseren Beziehungen auch den nötigen Kitt, damit sie, auch nach Jahren, spannend und überraschend bleiben.

Frauen reden anders. Männer auch.

Über genderspezifisches Verhalten wurde schon viel geschrieben. Ich erinnere da nur an den Bestseller »Männer sind vom Mars, Frauen von der Venus«. Obwohl ich, vor allem in jüngeren Jahren, nicht viel von diesen Stereotypen gehalten habe, muss ich heute doch zugeben, dass ich im Alltag immer wieder die Erfahrung mache, dass zwischen den Geschlechtern gar nicht so selten Lichtjahre zu liegen scheinen (um bei den »himmlischen« Kategorien zu bleiben). Dies zeigt sich vor allem beim Verhalten. Dass sich die männliche und die weibliche Gefühlswelt extrem unterscheiden, glaube ich nicht. Ich kenne jedenfalls viele gefühlvolle und sensible Männer. Die Frage ist hier mehr: Wie drücken sie diese Gefühle aus? Sie wissen, was ich meine?

Aber zurück zum gendertypischen Verhalten. Mein Mann – und für einmal steht er für viele andere Männer – kommt von einem Mittagessen mit einem seiner besten Freunde zurück. Natürlich bin ich gespannt, was die beiden besprochen haben. Immerhin sind sie über zwei Stunden zusammengesessen und haben sich vorher mehrere Wochen nicht gesehen. »Und, wie geht es B.?«, frage ich neugierig. »Ich glaube, gut«, lautet die äußerst aussagekräftige Antwort. Obwohl ich zu diesem Zeitpunkt ahne, dass jetzt nicht mehr viel mehr folgen wird, bohre ich nach. »Er ist doch frisch geschieden und von zu Hause ausgezogen. Wie fühlt er sich denn so?« Mein Mann schaut mich ausdruckslos an: »Du, ich glaube, ganz gut.« Ich, leicht genervt: »Du glaubst? Sorry, aber über was habt ihr denn zwei Stunden gesprochen?« Mein Mann ungerührt: »Über Musik, Essen und Wein. Und über Autos.«

Eine Zeit lang dachte ich nach solch aufschlussreichen Konversationen jeweils, dass mein Mann diesbezüglich ein Einzelfall sei. Aber in vielen Gesprächen wurde mir genau dieses typische Verhalten bestätigt. Und zwar quer über alle Altersgrenzen hinweg. Denn während viele Frauen es lieben, mit anderen Frauen über ihre Gefühlswelt zu sprechen, weil sie sich dann verstanden und aufgehoben fühlen, erleben viele Männer diese spezielle Verbundenheit, indem sie Dinge gemeinsam erleben. Das kann ein Mittagessen sein, ein Fußballmatch oder eine Töfftour. Die Tatsache, dass sie gemeinsam ihre Freizeit verbringen und eine Leidenschaft teilen, ist also ein Statement, das bedeutet: Ich mag dich.

So weit, so gut. Ich habe also aufgehört, meinen Mann mit Fragen über das Befinden seiner Freunde und Kollegen zu löchern. Wenn ich B. das nächste Mal allein sehen werde, nehme ich ihn in die Mangel, und ich bin mir sicher, dass ich innerhalb von fünfzehn Minuten alles weiß, was ich wissen möchte. Denn welcher Mann kann widerstehen, wenn eine Frau seine Gefühlswelt ergründen möchte? Eben.

Time to Say Goodbye?

Kürzlich las ich in einer Zeitung, wie man Freundschaften am einfachsten beenden kann. Wenn es nach dem Autor geht, ist dies ziemlich leicht. Sein Rat: den regelmäßigen Kontakt, egal, ob persönlich, per Telefon oder über die sozialen Medien, einfach auslaufen lassen. Sich nicht mehr aktiv melden und allfällige Fragen oder Anrufe nur kurz und knapp beantworten. So werde auch dem Begriffsstutzigsten klar, was geschlagen habe: das Totenglöcklein! Vermeiden solle man jegliche Diskussionen, die den Abschiedsprozess verlängern könnten. Natürlich betreffe dieses Verhalten nicht gute und beste Freunde, sondern Lebensabschnittsfreunde mit Ablaufdatum.

Im ersten Moment empfand ich diese Anleitung als feige und zynisch. Natürlich gibt es schwerwiegende Ereignisse, die dazu führen können, dass wir eine Freundschaft abrupt beenden. Doch seien wir ehrlich: Das Ende der meisten Freundschaften geschieht still und leise, oft auch in gegenseitigem, wenn auch unausgesprochenem Einverständnis. Die Gründe dafür sind vielfältig: räumliche Trennungen, private und berufliche Entwicklungen. Man verliert sich aus den Augen, oder es fehlt schlicht die Lust, eine Freundschaft zu pflegen. Denn dies ist bekanntlich eine zeitaufwendige Angelegenheit.

Glück hat, wer langjährige Freunde an seiner Seite hat, die mit ihm durch dick und dünn gehen. Oder Kindheits- oder Jugendfreunde, die man nach Jahren wieder trifft und spürt, dass sich nichts verändert hat und man dort anknüpfen kann, wo man sich verloren hat. Und natürlich sind auch neue Freundschaften eine

Bereicherung, vor allem, wenn sie sich in schwierigen Zeiten bewähren. Aber dann gibt es wirklich auch jene Beziehungen, die einfach »auslaufen«. Man sieht sich hin und wieder, es ist ganz nett – aber auch nicht mehr. Die Gespräche bleiben an der Oberfläche, das wirkliche Interesse aneinander fehlt. Und weil die meisten von uns höfliche, aber auch konfliktscheue Menschen sind, sagen wir dann: »Schön wars, bis zum nächsten Mal!« Obwohl wir nicht sicher sind, ob es ein nächstes Mal geben wird. Schwieriger ist es, wenn eine Seite mehr Interesse an einer Freundschaft hat als die andere. Und hier bin ich auch dezidiert anderer Meinung als der Autor des Artikels. Wie bei einer Liebesbeziehung, so hat auch ein (langjähriger) Freund das Recht, zu erfahren, warum man weniger oder gar keinen Kontakt mehr möchte.

Bleibt die Frage: Wann ist es Zeit, eine Freundschaft zu beenden? Und wann lohnt es sich, sie weiterzuführen? Meine Überzeugung ist pragmatisch: Es muss unter dem Strich einfach mehr Positives als Negatives geben. Wenn eine Beziehung über lange Zeit mehr Energie kostet, als sie gibt, ist es Zeit, sich zu verabschieden. Dies die Theorie. In der Praxis kann das ziemlich hart sein.

Nein danke!

Was löst der Begriff Dankbarkeit in Ihnen aus? Bekommen Sie ein angenehm wärmendes Gefühl in der Magengegend? Oder zieht sich Ihr Magen eher zusammen? Dies, weil Sie immer noch die mahnende Stimme Ihrer Mutter im Ohr haben, die Sie tadelte, wenn Sie beim Mittagstisch Ihren Teller nicht aufessen wollten. »Sei dankbar, dass du zu essen hast. In Afrika hätten die armen Kinder Freude, wenn sie etwas zu essen hätten.« Damals ergab dieser Spruch für mich keinen Sinn: Denn welches Kind, wo immer es auch lebte, mochte »grusigen« Spinat?

Die Erziehungsmaßnahmen fruchteten übrigens nichts. Ich hasse Spinat auch heute noch.

Doch zurück zur Dankbarkeit und zur Tatsache, dass diese momentan ungemein im Trend liegt. So hat auch die wohl berühmteste Popsängerin der Welt, die US-Amerikanerin Ariana Grande, diesem Gefühl und all ihren verflossenen Lovern kürzlich den überaus erfolgreichen Song »Thank U, Next« gewidmet. Das Video dazu wurde übrigens bis Mitte Februar 2019 auf Youtube mehr als zweihundertneunzig Millionen Mal angeklickt. Im Speziellen widmete die Sängerin das Lied einem ihrer Exfreunde, dem Rapper Mac Miller. Er starb im September 2017, erst sechsundzwanzigjährig, an einer Überdosis von Medikamenten, Alkohol und Drogen.

Dankbarkeit ist im Mainstream angekommen. Egal, wie schwierig die eigene Situation auch sein mag, es gibt immer Dinge, für die man dankbar sein muss. Und da man im Leben immer auch etwas zurückgeben sollte, drücken wir dem Bettler großzügig einen Zweifränkler in die Hand. Und hoffen, so nebenbei auch ein paar Bonus-Karma-Punkte gesammelt zu haben. Doch wehe, wir sind nicht fähig, Dankbarkeit zu empfinden – weil gerade die Sorgen zu groß sind: das Geld zu knapp, die Rechnungen zu hoch und die beruflichen Anforderungen erdrückend … Wissen wir dann nicht zu schätzen, dass wir gesund sind, ist die Gefahr groß, dass wir uns als Versager fühlen.

Es gibt vieles in meinem Leben, für das ich von ganzem Herzen dankbar bin. Aber es gibt auch Ereignisse und Entwicklungen, mit denen ich hadere. Schwierige Lebensphasen, an denen ich auch im Rückblick nicht viel Gutes finden kann – selbst wenn sie mich menschlich weitergebracht haben. Und ich habe auch keine Lust, den gnädigen Schleier des Vergessens über die Vergangenheit zu legen und zu frohlocken: Ich bin für alles, was mir passiert ist, dankbar! Denn der Schmerz und die Tränen, die damit verbunden waren, waren ein (zu) hoher Preis. Wenn ich Aussprüche höre wie: »Ich bin dankbar für alles Schwere, das ich erleben durfte, denn es hat mich zu dem Menschen gemacht, der ich heute bin«, denke ich: »Schön für dich.« Aber ich brauche kein Leiden, um das Glück richtig zu empfinden. Und vielleicht wäre auch Ariana Grande gern etwas weniger dankbar – selbst wenn ihr diese Erfahrung Millionen aufs Konto gespült hat –, wenn nur ihr Exfreund noch leben würde.

Prinzessin auf der Erbse

Ich gebe es nicht gern zu, aber ich tendiere dazu, ein Klageweib zu sein. Natürlich nicht im streng klassischen Sinn. Ich bin nicht ständig in Tränen aufgelöst und jammere lautstark über das Elend dieser Welt. Ich mache das mehr auf die diskrete und elegante Art, so wie die berühmte Prinzessin auf der Erbse, die, obwohl sie auf den weichsten Matratzen schlief, ständig etwas spürte, das sie störte – eben die berühmte Erbse.

»Du hast halt eine supersensible Frau geheiratet«, sage ich jeweils zu meinem Mann, wenn mich wieder mal die eine oder andere Erbse drückt. Er nickt dann jeweils nur stoisch. Nach über zwanzig Jahren an meiner Seite kennt er mein Klage-Gen und hat es anscheinend auch akzeptiert. Ich vermute, dass er in diesen Momenten seine Ohren schon mal auf Durchzug stellt. Aber das könnte auch eine böswillige Unterstellung sein.

Dazu muss gesagt werden, dass bei uns bezüglich Jammern die Rollen vertauscht sind. Geht es zum Beispiel um körperliche Beschwerden, ist mein Mann viel tougher als ich. Bringt ein Schnupfen viele Männer beinahe an den Rand des Nervenzusammenbruchs, leidet er still und klaglos – während ich bereits google, ob die triefende Nase vielleicht auch der Anfang einer gefährlichen asiatischen Grippe sein könnte. Denn viele Jammerlappen, wie ich, neigen auch zur Hypochondrie – aber das ist eine andere Geschichte.

Ich gestehe: Manchmal gehe ich mir mit meinem Gemecker selber auf die Nerven, und dann nehme ich mir vor, statt den Mund aufzutun, die Zähne heroisch zusammenzubeißen. Wenigstens für einen Tag oder so. Solche guten Vorsätze vergesse ich aber meist nach wenigen Stunden.

Denn nachdem ich morgens die Nachrichten gehört, in den Spiegel geschaut habe und auf die Waage gestiegen bin, habe ich schon mindestens drei Gründe zum Jammern. Und da hat der Tag noch gar nicht richtig begonnen. Ich habe mich noch nicht übers Wetter, den Verkehr, das zähe Schnitzel in der Kantine und die miese Laune des Chefs beschwert.

Wenn ich zusammenzähle, wie viele Stunden in meinem Leben ich schon mit Klagen verbracht habe, dann käme schon das eine oder andere Jährchen zusammen – was für eine Verschwendung der Lebenszeit!

Aber woher kommt dieser mühsame Jammerdrang eigentlich? Es gibt dazu die wissenschaftliche Meinung, dass wir von der Evolution eher darauf gepolt seien, dem Negativen unsere Aufmerksamkeit zu schenken. Weil wir so auf potenzielle Gefahren schneller reagieren könnten.

Ein Sichtwechsel würde mir guttun. Denn in den meisten Fällen ist ja das Jammern, jedenfalls bei mir, ein Luxusproblem. Und so habe ich, während ich diese Kolumne schreibe, beschlossen, mich diesbezüglich zu bessern und das Leben cooler zu nehmen. Wenn es jetzt nur nicht so schrecklich heiß wäre. Dieses ständige Schwitzen macht mich völlig fertig.

Mein Weg zur Dancing Queen (1)

Ich bin leider keine wirklich gute Tänzerin. Also, wenn das Prädikat »gut« bedeutet, wie wenig – oder in meinem Fall eben: wie häufig – man seinen Tanzpartnern auf die Füße tritt. Mein erster Tanzkurs, den ich auf Drängen meiner Arbeitskollegin Elke mit reifen fünfundzwanzig Jahren besuchte, endete jedenfalls ziemlich desaströs. Eigentlich hätte ich schon nach wenigen Minuten erkennen sollen, dass dieses Unterfangen dem Untergang geweiht war. Denn während Elke sichtlich in ihrem Element war und sich bereits bei den ersten Klängen der Musik von der sonst leicht gelangweilten Sekretärin in eine Dancing Queen verwandelte, vollzog sich meine Metamorphose gegenteilig: Die sonst durchaus agile und selbstbewusste Jungjournalistin wurde auf dem Tanzparkett zum Trampeltier. Jedenfalls fühlte ich mich so, während ich aus den Augenwinkeln neidisch meine Kollegin beobachtete, die leichtfüßig und mit wehenden Haaren einen Discofox tanzte. »Warum hat sie mich überhaupt in diesen Kurs geschleppt?«, fragte ich mich zunehmend genervt. Die Antwort würde ich bald bekommen: weil es billiger war, diesen Tanzkurs für Fortgeschrittene als »Viererpack« zu buchen als nur zu zweit.

Mein Tanzpartner, den ich erst an diesem Abend kennen gelernt hatte, war ebenfalls zu bedauern. Offenbar war auch er von seinem Kollegen zu diesem Kurs genötigt worden. Dies mit dem Versprechen, er würde mit einer »sexy Blondine« auf Tuchfühlung gehen können. In Realität war diese nicht nur einen Kopf größer als er, sondern auch einige Jahre älter. Nicht unbedingt die Traumfrau eines Achtzehnjährigen. Aber Ben war wohlerzogen und nett, und nur seine schweißnassen Hände verrieten mir, wie gestresst er sein musste.

Den ersten Kursabend überlebte ich einigermaßen, dies auch, weil Ben Humor hatte und wir später über unsere »guten« Kollegen ablästern konnten. Aber eine Woche später – same place, same time – half auch das nicht mehr. Während des Wiener Walzers wurde mir zuerst schwindlig und dann ziemlich übel. Dies als direkte Folge der zwei Martinis, die ich im Vorfeld gekippt hatte in der Hoffnung, dass mich der Alkohol etwas locker machen würde. Das tat er auch, allerdings auf eine für mich nicht vorteilhafte Weise. Denn nicht nur in meinem Kopf drehte sich alles, auch meine Beine fühlten sich seltsam kraft- und schwerelos an. Wir müssen ein lustiges Bild abgegeben haben: der junge Mann, der krampfhaft versuchte, seine groß gewachsene, (leicht) alkoholisierte Tanzpartnerin übers Parkett zu schleppen, die ihrerseits krampfhaft bei jeder Drehung versuchte, den aufsteigenden Mageninhalt unter Kontrolle zu halten. Und beim Walzer gibt es bekanntlich einige davon.

Irgendwann war glücklicherweise auch dieser Tanz vorbei, und ich schwöre, ich hätte trotzdem nicht aufgegeben, wenn der schmierige Tanzlehrer nicht süffisant kommentiert hätte: »In jedem Kurs gibt es leider eine junge Dame mit zwei linken Füßen.« Natürlich wusste ich, wer gemeint war, denn ich spürte ein Dutzend Augenpaare auf mich gerichtet, die mich teils mitleidig, teils spöttisch musterten. Wutentbrannt verließ ich den Raum und ließ die Anwesenden betreten zurück. Elke, heute eine meiner besten Freundinnen, musste mir einige Päckchen Pralinés schenken, bis ich ihr verzieh, dass sie mich zu diesem Abenteuer genötigt hatte.

Diese Episode hielt mich allerdings nicht davon ab, einen Mann finden zu wollen, mit dem ich mein Leben und die Tanzfläche teilen könnte. Die Suche nach dem Dancing King ging weiter.

Mein Weg zur Dancing Queen (2)

Ein Mann, in den man sich verlieben könnte und mit dem man auch auf der Tanzfläche harmoniert, ist schwer zu finden. Lange Zeit hoffte ich, dass sich das Tanzen mit Liebe und Leidenschaft verbinden ließe. Auf der Leinwand gab es ja durchaus einige Vorbilder, denen man nacheifern konnte. Wobei mir der Sinn damals weniger nach John Travoltas fabelhaftem Hüftschwung aus »Saturday Night Fever« stand, sondern eher in Richtung von Patrick Swayzes subtil erotischen Tanzkünsten in »Dirty Dancing« ging.

Inzwischen bin ich realistischer geworden. Genau wie der olle Travolta, der endlich eingesehen hat, dass ein Toupet und ein schlecht gefärbter Haaransatz ihn nicht jünger, sondern nur lächerlicher machen, und der heute endlich zu seiner Glatze steht. So bin auch ich der Überzeugung, dass das Leben nun mal keine Hollywood-Schnulze ist, sondern eher ein Studiofilm eines Jungregisseurs mit hochfliegenden Plänen und kleinem Budget. Mehr »Real Life« als glamouröse Romanze.

Dass Tanzen und Verführung innig verbunden sind, ahnte ich schon als Fünfjährige, nachdem ich eine Aufführung von »Schwanensee« hatte besuchen dürfen. Leider wurde meine aufkeimende Hoffnung, eine Ballerina zu werden, im Keim erstickt. Da ich in den Ballettstunden, die ich von meinen Eltern erbettelt hatte, starkes Heimweh nach meiner abwesenden Mutter entwickelte, bat die Lehrerin, dass man das weinende Kind doch nicht mehr zum Unterricht bringen möge, da es »ein Störfaktor« sei.

Die Freude am Tanzen ließ ich mir trotzdem nicht nehmen. Bei den ersten Teenager-Partys im Velokeller meiner Eltern harmonierte ich diesbezüglich sehr gut mit Walter. Leider waren wir eher Kumpel als Knutschkugeln. In der Mittelschule kultivierten meine Kollegen und ich das »Stehtanzen«, eine eher bewegungslose Sache, die danach nahtlos in die Phase des »Free Dance« überging, bei der es allerdings mehr um Erweiterung des eigenen Bewusstseins als um die Verführung des Gegenübers ging. In den nächsten Jahren war die Anzahl der Jungs und Männer, die mir gefielen und auch tanzen mochten und konnten, verschwindend klein. Ganz im Gegenteil zu jenen Typen, die ich wortwörtlich an der Backe hatte und die sich beim Engtanzen wie Affenbabys an mich klammerten.

Leider ist auch mein Ehemann ein Tanzmuffel. Als ich ihn vor über zwanzig Jahren kennen lernte, merkte ich bald, dass er die besondere Fähigkeit kultiviert hatte, sich genau dann zu verdünnisieren, wenn alle die Tanzfläche stürmten. Aber das war immer noch besser als die Einlage, die er auf einer Weihnachtsparty gab, als er feuchtfröhlich zu den Klängen von Jimi Hendrix Luftgitarre spielte. Bevor wir vor drei Jahren Hochzeit feierten, überkam mich der gewagte Wunsch, meinen Bräutigam in einen Tanzkurs zu schleppen. Ganz unbegabt konnte er ja nicht sein, hatte er doch mehrmals und voller Stolz erklärt, dass er in jüngeren Jahren Rock 'n' Roll getanzt habe.

Nun, mein Wunsch erfüllte sich nicht. Aber unsere Hochzeitsparty war trotzdem toll. Die Musik auch. Ich tanzte viel. Mit anderen. An einen gemeinsamen Hochzeitstanz mit meinem Angetrauten erinnere ich mich jedoch nicht. Vielleicht habe ich diesen auch nur verdrängt. Der Liebe hat es jedenfalls nicht geschadet.

Genieße den Genuss

»Schreib doch etwas Besinnliches über Weihnachten«, hatte mir mein netter Kollege geschrieben. Martin ist Ressortleiter bei der »Coopzeitung« und hat, unter vielem anderen, das (zweifelhafte) Vergnügen, meine wöchentlichen Kolumnen gegenzulesen. Sein Wunsch war mir Befehl, und als ich nach Mitternacht in meinem kuschligen Bett lag, begann ich über mögliche Themen nachzudenken. Denn so spät in der Nacht fühle ich mich jeweils tiefenentspannt. Dann habe ich das Gefühl, die Welt gehöre mir, weil sie so still und friedlich ist. Hin und wieder habe ich dann auch wirklich eine Idee. Aber dieses Mal kam mir nichts Gescheites zum Thema in den Sinn, über das nicht schon hunderte Male geschrieben worden wäre.

Weil es mir gerade so vögeliwohl war, begann ich über einen Ausspruch zu sinnieren, den ich immer wieder höre und lese. Und der perfekt zu meiner wohligen Situation passte: »Genieße jeden Moment deines Lebens, als ob es der letzte wäre.« Ein Satz, der in diesem Moment perfekt für mich stimmte. Allgemein halte ich nichts von solchen Kalendersprüchen, denn sie sind meist realitätsfremd.

Natürlich verstehe ich die Aussage: Man sollte versuchen, nonstop so bewusst wie möglich zu leben. Aber ehrlich, wenn ich meinen anstrengenden Alltag so anschaue, dann kann ich vielleicht zehn Prozent meiner Zeit unter Genuss abbuchen. Oder finden Sie es besonders vergnüglich, den Müll rauszutragen, Rechnungen zu zahlen, dreckiges Geschirr abzuwaschen, aufzuräumen oder die Staubmäuse unter dem Sofa hervorzulocken? Ja, ich weiß, auch diesen Pflichten sollte man – ginge es nach der ach so trendigen und stetig wachsenden Achtsamkeitsbewegung – ebenfalls freudig und mit Hingabe erledigen. Kompliment, wer es schafft, während des Kloputzens vor sich hin zu meditieren, ganz im Sinne der Achtsamen: »Ich bin ganz bei mir und liebe es, tiefenentspannt und bei vollstem Bewusstsein meine WC-Schüssel hygienisch rein zu schrubben.«

Ich jedenfalls bin froh, wenn ich meine Alltagspflichten erledigt habe und mich den wahren Genüssen des Lebens hingeben kann. Die da wären: lesen, schreiben, reisen, Filme schauen, träumen, in der Natur sein, schmusen, essen, schlafen, quatschen, faulenzen und vieles mehr. Sie sehen: Das sind ziemlich viele Lieblingsbeschäftigungen für einen vollen Arbeitsalltag.

Meine Weihnachtsbotschaft lautet also: Genießen Sie die gemeinsame, hoffentlich stresslose Zeit mit Familie und Freunden, aber machen Sie sich ja nicht zu viel Druck, um den perfekten Weihnachtsbaum, die perfekten Geschenke und die perfekte Gans hinzukriegen. Dafür möchte ich Sie ermutigen – falls Sie überhaupt Vorsätze fassen –, sich konkret zu überlegen, wie Sie sich im neuen Jahr möglichst viele persönliche Freiheiten schaffen können. Frei nach dem Motto: »Genieße den Genuss, und das so oft wie möglich!«

Die Gefühle meines Lebens

Ehrlich gesagt, habe ich den Titel zu dieser Kolumne beim deutschen Magazin »Emotion« abgeguckt. Hier wählen prominente Menschen jeden Monat aus einer Liste von neunundneunzig Gefühlen jene fünf aus, die sie ausmachen. In einer der letzten Ausgaben des Heftes habe ich entdeckt, dass der junge deutsche Schauspieler Tom Schilling (37) genau die gleichen Emotionen auswählte, die ich nennen würde. Nämlich Angst, Demut, Humor, Sehnsucht und Zweifel.

Natürlich waren seine Gründe für die Wahl andere als meine. Das wurde mir schnell klar, als ich seine Ausführungen zu den von ihm gewählten Begriffen las. Obwohl uns Welten trennen, fühlte ich mich irgendwie mit Tom verbunden.

Mir gefällt diese Rubrik so gut, dass ich Freundinnen und Freunde bat, sich ebenfalls zu überlegen, welche Gefühle für sie bestimmend sind. Kurze Zeit später trafen wir uns und tauschten uns darüber aus. Und siehe da: Auch in unserem Kreis gab es viele Übereinstimmungen.

War dies nun so, weil wir befreundet sind? Oder sind wir befreundet, weil das so ist – frei nach dem Motto »Gleich und gleich gesellt sich gern«? Oder sind die Gefühle von Angst, Sehnsucht oder Zweifel einfach so bestimmend, dass sie uns mehr prägen als Mut, Erfolg, Glück oder Stolz?

Ich finde die Anlage dieses Psychogramms so spannend, dass ich Sie ermuntern möchte, sich ebenfalls zu überlegen, welche Gefühle für Sie prägend sind und waren. Vielleicht inspiriert es Sie ja, wenn ich Ihnen mehr über meine Top fünf verrate.

Erstens: Angst, meine engste Begleiterin, seit ich fühlen und denken kann. Angst vor dem Verlassenwerden, vor Ablehnung, vor dem Scheitern, dem Stillstand, dem Tod – die Liste ließe sich verlängern. Seit ich begonnen habe, mich nicht mehr gegen meine zahlreichen Ängste zu wehren, und versuche, sie als Teil meiner Persönlichkeit zu akzeptieren, haben sie ihren Schrecken etwas verloren.

Zweitens: Demut – ich mache mir immer wieder bewusst, wie viel Schönes es in meinem Leben gibt. Die Dankbarkeit, die ich dann empfinde, hilft mir, auch schwierige Zeiten zu überleben.

Drittens: Humor – eigentlich ist mir Selbstironie noch wichtiger. Ja, ich lache gern, und vor allem mag ich es, andere zum Lachen zu bringen. Denn eine gewisse Selbstironie hilft mir, mich nicht als Nabel der Welt zu sehen.

Viertens: Sehnsucht, neben der Angst wohl jenes Gefühl, das mich am stärksten ausmacht. Manchmal weiß ich gar nicht, woher dieses oft unbestimmte Gefühl kommt, das mich antreibt, meine Kreativität auszuleben, Hindernisse zu überwinden oder immer wieder Neues auszuprobieren. Die Sehnsucht nach Liebe und Geborgenheit, nach Abenteuer und Leidenschaft ist für mich eine stete Triebfeder – ich möchte noch viele Träume ausleben. Und Sehnsucht hält sie wach.

Fünftens: Zweifel – Egomanen und Besserwisser, die sich nie infrage stellen, sind mir ein Gräuel. Natürlich ist es nicht sinnvoll, sich ständig zu hinterfragen. Aber Zweifel und die Fähigkeit, sie manchmal sogar zu überwinden, haben mich mit den Jahren stärker und auch selbstbewusster gemacht.

Es lebe die Vorfreude

Vor ein paar Wochen fuhr ich mit meiner Familie für eine Woche nach Südfrankreich. Es waren die ersten richtigen Ferien in diesem Jahr, das ich, ehrlich gesagt, als ziemlich anstrengend empfunden habe und das ich zusammenfassend so beschreiben würde: Irgendetwas ist immer. Umso mehr freute ich mich auf die freie Zeit, und ich zählte die Tage bis zu unserer Abfahrt aus Zürich. Ich freute mich sogar auf die achtstündige Autofahrt, inklusive etwaiger Staus. Und seit wir unsere beiden Hunde Millie und Louis haben, dürfen auch sie mit uns Sonne, Strand und Meer genießen.

Als ich am Vorabend der Reise meine Koffer packte, überkam mich ein Gefühl, das ich in dieser Form schon lange nicht mehr gespürt hatte: Vorfreude. In meinem durchorganisierten Alltag und dem stetigen Streben nach Perfektion hat sich diese still und heimlich aus meinem Leben verabschiedet. Vielleicht, weil zu große Erwartungen, wie etwas auszusehen hat, jegliche Spontaneität abtötet. Und vielleicht auch, weil kleinere und größere Vorfreuden im Lauf meines Lebens enttäuscht wurden. Wie die Vorfreude auf die Abschlussreise nach der Sekundarschule, auf die ich verzichten musste, weil ich am Vorabend einen Töffliunfall hatte. Die Vorfreude auf ein ganz besonderes Date, das der Schwarm kurz davor unter windigen Entschuldigungen abgesagte. Oder auch die Vorfreude auf ein Baby, das nie geboren wurde.

Mit den Jahren habe ich, wie viele andere Menschen, gelernt, Vorfreude homöopathisch zu dosieren. Denn wer nichts erwartet, kann nicht enttäuscht werden. Eine, ich gebe es zu, nicht gerade mutige Einstellung dem Leben gegenüber, die allerdings auch Schutz vor Enttäuschungen und Verletzungen bietet.

Aber zum Glück lässt sich die Vorfreude durch die Realität nicht völlig abmurksen. Wie die Tatsache bewies, dass ich mich ungewohnt kindlich auf die Tage in Südfrankreich freute. Ansatzweise wie damals, als ich am Tag vor der jährlichen Schulreise für fünf Franken Süßigkeiten kaufen durfte. Oder die unbändige Freude auf die ersten Ferien am Meer. Oder, Jahre später, auf den Roadtrip in Kalifornien. Im Gegensatz zu heute gab es damals keine Überlegungen wie »Wird alles glatt laufen?«, »Hoffentlich passiert nichts!« oder »Was könnte mich an Schwierigkeiten erwarten?«.

Mit der Vorfreude ist es ein bisschen wie mit dem Verlieben. Je älter wir werden, desto mehr Gründe gibt es, diese unberechenbaren Gefühle zu vermeiden oder ihnen aus dem Weg zu gehen, denn unsere negativen Erfahrungen prägen uns leider mehr als die positiven.

Meine Vorfreude wurde belohnt, auch wenn meine Ferientage nicht ganz so verliefen wie erwartet. Fast die Hälfte der Zeit lag ich nämlich krank im Bett. Aber die Vorfreude, die ich im Vorfeld dieser Reise gespürt hatte, war es wert.

Morgen, morgen, nur nicht heute

Lustig, was man alles erledigen kann in der Zeit, in der man etwas erledigen müsste. So wartet zum Beispiel jeweils meine Steuererklärung wochenlang aufs Ausfüllen. Bis dann keine Ausreden mehr gelten. Also ran an die Arbeit! Aber halt, da klingelt das Handy. Meine Freundin muss mir unbedingt erzählen, wie ihr gestriges Date gelaufen ist. Und wenn ich gerade am Telefonieren bin: Meine Schwiegermutter freut sich sicher über einen Anruf. Danach muss ich das Nachtessen vorbereiten, mit den Hunden eine Runde raus, die Haare waschen und die Betten frisch beziehen. Wenn ich schließlich im Bett liege, schaue ich stolz auf mein Tagwerk zurück: Was war ich fleißig, und die blöde Steuererklärung verschiebe ich einfach auf morgen. Obwohl ich heute schon weiß: Ich werde sie auch morgen nicht ausfüllen. Das werde ich erst im allerletzten Moment machen, wenn schon ein böser Brief vom Steueramt droht. So mache ich das jedes Jahr.

Meine Aufschieberitis nennt sich Prokrastination. Es kommt aus dem Lateinischen und ist zusammengesetzt aus »pro«, »für«, und »crastinus«, für »morgig«. Und natürlich bin ich nicht die Einzige, die darunter leidet. Leonardo da Vinci hat zum Beispiel zwanzig Jahre gebraucht, bis er endlich seinen letzten Pinselstrich an die »Mona Lisa« setzte. Nicht, dass ich meine Steuererklärung mit seinem Meisterwerk vergleichen möchte, aber Leo und ich sitzen im gleichen Boot. Während es bei ihm allerdings darum ging, Perfektion zu erreichen, setze ich mich nicht gern mit Unangenehmem auseinander und bin Meisterin im Selbstbeschiss. Und wenn es darum geht, was angenehmer ist, als die Steuererklärung auszufüllen, kommen mir mindestens hundert Dinge in den Sinn. Da sind sogar der Abwasch und das Bettenanziehen verlockender. In vielen Fällen ist das Aufschieben harmlos, auch wenn das schlechte Gewissen nervt, das damit verbunden ist. Laut Studien gibt es allerdings zwanzig Prozent Prokrastination-Betroffene, bei denen das Aufschiebeverhalten so stark ist, dass es negative Folgen für die Gesundheit haben kann: Stress, Selbstvorwürfe und sogar Depressionen können die Folge sein. So weit ist es bei mir noch nicht. Und das neue Jahr fordert geradezu zur Disziplin auf. Also werde ich jetzt eine Liste schreiben, was mich erwarten wird, wenn ich das mit der Steuererklärung nicht in Ordnung bringe: nämlich Ärger, ein schlechtes Gewissen und vielleicht sogar Mahngebühren. Ich fasse den Beschluss: Wenn ich die Liste geschrieben habe, werde ich mich mit einem Stück Schokokuchen belohnen.

Schokokuchen? Mir läuft bereits das Wasser im Mund zusammen. Eine Frage sollte erlaubt sein: Warum soll man sich eigentlich erst im Nachhinein belohnen? Ein kleiner Motivationsschub täte jetzt gerade gut. Also beschließe ich – spontan wie ich bin –, die Reihenfolge der Tätigkeiten ein bisschen zu verändern. Zuerst Schmausen. Dann die Arbeit. Man gönnt sich ja sonst nichts.

Hörst du schon Klassik?

Kürzlich war ich bei Jasna im Salon. Sie ist nicht nur eine Eins-a-Coiffeuse, sondern auch eine gute Freundin. Dies trotz den zwanzig Jahren Altersunterschied, die uns trennen. Aber an diesem Nachmittag stand unsere Freundschaft für geschätzte zehn Sekunden auf der Kippe. Nicht, weil sie meine Haare verschnitten hätte. Nein, die waren tipptopp. Aber einige Minuten bevor sie »ihr Werk« beendete, lief im Radio »Something Just Like This« von The Chainsmokers & Coldplay: Rockpop vom Feinsten. Ich summte beschwingt vom Sound mit. Jasna schaute mich plötzlich von der Seite her an und fragte: »Was für Musik hörst du eigentlich gern? Klassik?«

Hä? Ich glaubte, mich verhört zu haben. Nicht, dass ich etwas gegen klassische Musik hätte – ich bin mit einem Vater aufgewachsen, dessen Lieblingsbeschäftigung es war, nach getaner Arbeit den Plattenspieler anzuwerfen und, gemütlich in seinem Sessel sitzend, ein Klavierkonzert von Tschaikowski zu dirigieren.

Fast etwas trotzig sagte ich: »Mein Musikgeschmack ist sehr breit gefächert. Momentan höre ich gern Eminem.« Jetzt war es an Jasna, mich verwundert anzuschauen. »Eminem, der Rapper? Echt jetzt?« Ich blaffte zurück: »Kennst du etwa einen Tenor, der so heißt?« Jasna schaute noch verdutzter. Aha, dachte ich etwas schadenfreudig, sie weiß wahrscheinlich nicht, was ein Tenor ist. Und da fiel bei mir der Groschen: Ich bin für Jasna ein älteres Semester. Daran ändert auch nichts, dass wir als Freundinnen über alles quatschen. Irgendwie hatte ich immer das Gefühl gehabt, dass wir uns altersunabhängig verstanden. Nicht, dass Sie jetzt denken, ich wolle einen auf Berufsjugendliche machen. Ich weiß gewisse Dinge des Älterwerdens durchaus zu schätzen, aber meine Gefühle haben sich nicht verändert, nur weil ich älter geworden bin. Vielleicht bin ich etwas überlegter und weniger naiv. Aber sonst? Ich bin meist für jeden Unsinn zu haben und wünsche mir immer noch, die Welt zu erobern. Und ich interessiere mich immer noch für Literatur, Filme, Tiere, Trends, Musik und ja, auch Männer. Darum ist für mich das Alter einfach eine Zahl. Ja, manchmal habe ich weniger Energie. Und ich bin ungeduldiger geworden, wenn ich mit Schwachköpfen und Ignoranten zu tun habe. Ich will keine Zeit verlieren mit Menschen, die mich verletzen oder mir nicht guttun. Und ich stehe aktiv für Dinge ein, die mir wichtig sind: Selbst-, Nächsten- und Tierliebe. Kurz, mir ist es wichtig, ein verantwortliches Leben zu leben. Aber das Fühlen, Sehnen, Trauern und Glücklichsein: Ehrlich, das fühlt sich genauso an wie mit sieben, siebzehn, siebenunddreißig, siebenundfünfzig … und hoffentlich mit siebenundsiebzig.

Zuerst wollte ich mich Jasna erklären. Aber ich habe es nicht gemacht. Sie hätte es zwar versucht, aber richtig nachvollziehen wird sie diesen Prozess (hoffentlich) erst können, wenn sie älter wird. Und das ist gut so. Denn die wichtigsten Erfahrungen im Leben muss man bekanntlich selbst machen.

Augen auf und Ohren zu!

Dass ich bezüglich gewisser Geräusche empfindlicher bin als der Durchschnitt der Menschheit, wusste ich bereits als Teenie. Mein damaliger Physiklehrer kritzelte seine Formeln auf solch ätzende Weise auf die Wandtafel, dass sich bei den quietschenden Tönen beinahe meine Fußnägel krümmten. Meine Banknachbarin machte sich darüber lustig und erzählte überall, dass sich in diesen Situationen jeweils meine Wangen dunkelrot färbten und ich nervös mit den Füßen zu wippen begänne. Eine Reaktion, die sich, im positiven Fall, auch dann zeigte, wenn ich auf dem Pausenplatz meinen Schulschatz erblickte. Natürlich erfuhr auch mein Lehrer eines Tages von meiner Geräuschempfindlichkeit. Und er machte sich einen Spaß daraus, nicht mit der Kreide, sondern, um mich zu provozieren, mit seinen Fingernägeln über die Wandtafel kratzte! Da hatte er aber Pech. Denn das kratzte mich überhaupt nicht.

Es sind diese kleinen, fiesen Geräusche, die mich auch heute noch fast zur Weißglut treiben können. Also falls wir uns einmal treffen sollten, schlürfen Sie bitte nie in meiner Nähe hörbar Ihren Tee oder Ihren Kaffee. Schon mancher Flirt wurde übrigens dadurch bereits im Anfangsstadium gekillt. Und essen Sie bitte nie geräuschvoll einen Apfel in meiner Hörweite. Denn ich habe ein Mini-Trauma, das entstand, als ich mit meiner älteren Schwester das Zimmer teilen musste und sie vor dem Einschlafen immer schmatzend einen Apfel aß. Und weil sie wusste, dass mir dieses Geräusch fast körperlich wehtat – welcher Teenager teilt schon gern das Zimmer mit seiner nervigen, kleinen Schwester –, gab sie sich Mühe, möglichst laut zu essen.

Wenn mich heute meine Freundin Adi besucht, wischt sie oft, kaum hat sie am Küchentisch Platz genommen, unwillkürlich mit der Handfläche über dessen Oberfläche. So, als würde sie imaginäre Brosamen zusammenwischen. Das fast nicht hörbare »Sssssssssss« dieser Bewegung reizt mich ebenfalls ziemlich. Natürlich nervt es mich auch, dass sie mir mit dieser unbewussten Geste das Gefühl gibt, der Tisch sei nicht sauber. Aber es ist das Geräusch, das mein Blut in Wallung bringt.

Zu meiner Ehrenrettung kann ich sagen, dass es durchaus auch Geräusche gibt, die meine Mitmenschen auf die Palme treiben, gegen die ich aber immun bin.

Kürzlich war ich mit einer lieben Freundin für ein Wochenende in den Bergen. Wir hatten im Hotel getrennte Zimmer, die durch eine Zwischentür verbunden waren. Ich fand es eine schöne Idee, sie über Nacht offen zu lassen. So nach dem Motto »Gute Nacht, John-Boy« aus der US-Fernsehserie »Die Waltons«. Aber meine Freundin winkte ab, weil sie Angst hatte, ihr allfälliges Schnarchen würde mich stören.

Schnarchen? Dass ich nicht lache! Mit einem Mann und einem Hund, die beide nächtens ganze Wälder abzuholzen scheinen, bin ich mehr als geeicht. Was mir viel mehr Sorgen machte, war der Apfel, den meine Freundin auf dem Nachttisch liegen hatte. Denn wie schon erwähnt, höre ich ausgesprochen gut, auch auf eine gewisse Distanz. Zu ihrer Verwunderung war dieser Apfel allerdings plötzlich verschwunden, als es Zeit war, ins Bett zu gehen. Während sie genüsslich – und geräuschlos – die Banane genoss, die auf wundersame Weise den Weg auf ihren Nachttisch gefunden hatte, gratulierte ich mir im Stillen. Not macht eben erfinderisch.

»Irgendeinisch fingt ds Glück eim«

Samstagabend. Meine Freundin heult sich schon seit Stunden die Augen aus. Ihr Gesicht ist so verquollen, dass sich ihre Augen zu Schlitzen verengt haben und ihre Nase einem Leuchtturm in stürmischer Nacht gleicht. Ein klassischer Fall von Liebeskummer. Was einerseits tröstlich ist, weil es zeigt, dass wir immer noch fähig sind, tief zu empfinden, aber andererseits auch nervt, weil wir doch so viel selbstbewusster und erfahrener sind als mit fünfzehn. Aber offensichtlich immer noch so leiden, wenn uns ein Schuft das Herz bricht.

Um die Trauernde zu trösten, haben wir uns zu einem »Weiberabend« versammelt, was nichts anderes bedeutet als ein Haufen ungesunder Snacks, Prosecco und jede Menge gut gemeinter Ratschläge. »Ich wusste schon immer, dass er ein mieser Typ ist«, schimpft Freundin Nummer eins. »Ich habe dich schon am Anfang eurer Beziehung gewarnt«, doppelt Freundin Nummer zwei nach, während Nummer drei tröstend über die zitternde Schulter der Unglücklichen streichelt. Und dann kommt der Satz, der in solchen Situationen folgt wie das Amen in der Kirche: »Du musst ihn jetzt einfach loslassen.«

Ich bin inzwischen so weit, dass ich selber mitheulen möchte. Und dies nicht nur aus Mitleid, sondern weil ich so entnervt bin. Ich kann diese blöden Sprüche einfach nicht mehr hören! Du hast ein Ziel nicht erreicht und grämst dich darüber? Lass los! Der Schmerz über einen Verlust wird nicht weniger? Lass los! Der Angebetete erwidert deine Gefühle nicht? Lass los! Und schaffst du das nicht, dann bist du selber schuld.

Also muss mehr Willenskraft her. Dummerweise führt diese genau ins Gegenteil: Je mehr wir uns bemühen, etwas oder jemanden loszulassen, umso weniger gelingt es. Clevere Psychologen und Lebensberater sind überzeugt, die einfache Lösung gefunden zu haben. Unzählige Ratgeber sind zu diesem Thema bereits erschienen. Und in Kursen können wir die Leichtigkeit des Seins lernen. Schnell und einfach. Hauptsache, der Rubel rollt.

Was die »Experten« vergessen: Wenn es ums Loslassen geht, hat jeder Mensch seinen eigenen Rhythmus, der von vielem abhängig ist: der seelischen Konstitution, den gemachten Erfahrungen, der eigenen Resilienz.

Nein, ich habe auch keinen Rat, wie der Schmerz weniger wird, denn ich gehöre zu den Menschen, die Abschiede und Verluste schwernehmen. Ich bewundere jene, die scheinbar mühelos durchs Leben surfen, ohne Angst vor dem nächsten Taucher. Wenns bei mir runtergeht, dann ganz in die Tiefe. Ob die Trauer um ein verstorbenes Tier, der Abschied von geliebten Menschen, der Verlust einer Freundschaft: Es braucht viel Zeit und noch mehr Tränen, um diese Tatsache zu akzeptieren. Aber: Es ist, wie es ist. Und die nächste Welle, die einen wieder nach oben spült, folgt meistens bald. Oder wie es Züri West so schön singen: »Irgendeinisch fingt ds Glück eim«.

Die letzte Chance

Besser spät als nie. Dieses beliebte Sprichwort gibt einem die illusorische Hoffnung, dass, obwohl eine Sache scheinbar gelaufen ist, doch noch eine Möglichkeit für ein Happy End besteht. Im besten Fall kommt man zu einem späten Einsehen, einer unverhofften Einsicht oder in den Genuss einer glücklichen Fügung. Zuständig dafür sind dann nicht wir selber, sondern es ist das Schicksal, das es gut mit uns meint.

Leider lernen wir aus solchen Begebenheiten meist nur sehr wenig und hoffen darauf, dass auch beim nächsten Mal eine höhere Macht unser Leben wieder in die richtigen Bahnen lenken wird. Unzählige Filme und Bücher basieren auf dieser Grundlage: Der Ehemann lässt die Geliebte sausen, weil er gemerkt hat, dass ihm die eigene Familie doch wichtiger ist. Der Raucher lässt endgültig die Finger von den Zigaretten, weil sein Arzt ihm gesagt hat, dass er, wenn er so weiterqualmt, spätestens in drei Jahren die Primeli von unten betrachten könne – auf seinem Grab. Und der Übergewichtige hat eingesehen, dass er durch eine gesunde Ernährung und etwas mehr Bewegung seinen krankhaft hohen Blutdruck und so die Gefahr eines Schlaganfalls senken kann.

Alle Betroffenen würden wohl bestätigen: »Besser spät als nie.« Und auch, dass sie dieses Umdenken nie ohne Druck geschafft hätten. Aber so geht es ja den meisten von uns: Ohne die Angst, dass wir alles verlieren könnten, im schlimmsten Fall das eigene Leben, hätten wir nie die Kraft, Dinge grundlegend zu verändern. Trotzdem: Eine Garantie, dass danach alles gut wird, haben wir natürlich nie. Auch wenn wir es scheinbar geschafft haben, im letzten Moment die Kurve zu kriegen, kann es ja sein, dass sich hinter der nächsten doch noch ein Abgrund auftut. Der Mann kann doch nicht ohne seine Geliebte leben und verlässt die Familie doch noch. Der Raucher wird rückfällig, weil ihm die Zigaretten wichtiger sind als alles andere, und der Übergewichtige bekommt, trotz seinem gesünderen Lebenswandel, nein, keinen Schlaganfall, sondern einen Herzinfarkt.

Manchmal ist spät eben trotzdem zu spät. Ich verlasse mich diesbezüglich also nur bedingt darauf, dass mir das Schicksal im Falle eines Falles eine letzte Chance gewährt. Was zur Folge hat, dass ich versuche, zu meinen Gefühlen zu stehen und diese auch auszudrücken. Denn mit zunehmendem Alter häufen sich die traurigen Einsichten: Hätte ich doch meinen Eltern noch zu Lebzeiten einmal mehr gesagt, wie sehr ich sie liebe. Hätte ich doch um eine Beziehung gekämpft, die mir heute fehlt. Hätte ich mich doch entschuldigt und nicht aus lauter Stolz einen Kontakt abgebrochen. Auch wenn es in diesen Momenten Überwindung gekostet hätte, über meinen Schatten zu springen, und ich auch nicht weiß, wie meine Bekenntnisse beim anderen angekommen wären, ich hätte es wenigstens versuchen sollen und müsste mich heute nicht fragen: Was wäre, wenn?

Fantastische Traumwelt

Vor vielen Jahren gestand mir eine Freundin, dass sie in einem immer wiederkehrenden Traum eine Affäre mit einem Arbeitskollegen habe. »Da ist doch nichts dabei«, lachte ich, »ein bisschen Kopfkino macht das Leben doch interessanter.« Doch meine Freundin machte sich nicht aus moralischen Gründen Gedanken. Sie sei vielmehr irritiert, weil sie den Arbeitskollegen im Alltag eigentlich gar nicht möge. »Ich verstehe nicht, warum es Spaß macht, ihn im Traum zu küssen!« Und überhaupt befürchte sie, dass er merken könnte, dass sie von ihm träume, und versuche darum, ihm aus dem Weg zu gehen.

Ich konnte sie beruhigen. Denn erstens stand ihr nicht auf die Stirn geschrieben: »Du, ich hatte heute Nacht einen netten Traum von dir.« Und zweitens ist unsere Traumwelt eine wirklich fantastische Sache. Kurz, man sollte sich freuen, wenn einem der Schlaf schöne und aufregende Bilder beschert. Im Gegensatz dazu können uns schwere Träume wirklich plagen. Und manchmal fühlen sie sich so real an, dass man sich nach dem Aufwachen überlegen muss: Ist das jetzt wahr oder habe ich das (zum Glück) nur geträumt?

Das Unterbewusstsein ist eine famose Sache. Es lässt uns im Traum fliegen, in einem Broadway-Musical als Star auftreten oder mühelos höchste Berge besteigen. Leider projiziert es auch unheimliche Schatten, die uns verfolgen; es lässt uns in unheimlichen, tiefen Gewässern schwimmen oder hüllenlos eine Rede halten. Das ist nur ein kleiner Querschnitt durch meine Traumwelt. Ich bin überzeugt, dass Ihre Träume gleich bunt und aufregend, aber auch mal belastend sind, wie meine.

Was die Deutung von Träumen betrifft, so bin ich vorsichtig geworden. Früher mal besaß ich ein Traumlexikon, das ich fleißig benutzte. Doch schnell merkte ich, dass Traumsymbole viel komplizierter zu deuten sind, als ich gemeint hatte. Es sind vor allem die Tagesgefühle, die in überspitzter und dramatisierter Form verarbeitet werden. Es geht also weniger um Symbole als um die Gefühle, die ich im Traum habe. Und wenn sich eine Handlung eines Traums regelmäßig wiederholt, frage ich mich schon, welche Botschaften mir mein Unterbewusstsein mitteilen will. Was meine Freundin betrifft, so stresste sie der immer wiederkehrende Traum mit ihrem Arbeitskollegen so stark, dass sie in die Offensive ging und ihn bei einem Weihnachtsessen (nach ein paar Gläsern Wein) mutig darauf ansprach. Natürlich schilderte sie ihm nicht die Affäre, sondern fragte ihn nur ganz salopp: »Hast du eine Ahnung, warum du immer in meinen Träumen auftauchst?« Der »Traummann« reagierte souverän. Er meinte: »Vielleicht bedeutet das, dass wir mal zusammen auf einen Apéro gehen sollten.« Gesagt, getan. Die beiden sind seither ein Paar. Manchmal sind Träume also alles andere als Schäume.

Ferienfreuden, Ferienleiden (1)

Auf die ersten gemeinsamen Ferien mit einer neuen Liebe freuen sich die meisten von uns, auch wenn dies oft mit Nervosität verbunden ist. Und mit Fragen wie: Werden wir eine gute Zeit zusammen verbringen? Werde ich Eigenschaften an ihm entdecken, die mich nerven? Was, wenn ich während der ersten Velotour im heißen Süden kollabiere, weil ich doch nicht so sportlich bin, wie ich mich auf dem Dating-Portal beschrieben habe? Es ist sicher keine schlechte Idee, quasi als Hauptprobe im Vorfeld der Ferien ein Weekend miteinander zu verbringen. So lange sollte es auch zu schaffen sein, allfällige »Mödeli« unter Kontrolle zu halten.

In dieser Situation war eine Freundin, als sie vor dem ersten gemeinsamen Weekend mit ihrem neuen Freund stand. Sie sah dem mit gemischten Gefühlen entgegen, da sie unter einem Reizdarm litt, der sich bei Aufregung oder Stress bemerkbar machte. Vor lauter Vorsicht aß sie im Hotel wie ein Vögelchen und verschmähte die meisten Köstlichkeiten des abendlichen Gourmet-Menüs. Offiziell sagte sie, dass sie auf Diät sei, weil sie in den Ferien eine gute Figur machen wolle.

Ihr Freund meinte charmant, sie habe dies doch nicht nötig. Nur zu gern aß er auch noch ihren Teller leer. Ironie des Schicksals: Als das Paar wenig später die ersten Ferien am Roten Meer verbrachte, erkrankten beide gleichzeitig an einem Magen-Darm-Virus, der zur Folge hatte, dass die beiden Frischverliebten während dreier Tage und Nächte das Zimmer nicht verlassen konnten, und dies nicht aus jenen Gründen, die man sich in einer solchen Situation erhoffen würde. Verschärft wurde die Situation, weil sie das Badezimmer wegen des hinterhältigen Virus manchmal gleichzeitig benutzen mussten. Die romantische Vorstellung, dass man für eine neue Liebe sein Inneres nach außen kehren möchte, bekam dadurch eine neue Bedeutung. Die so arg Gebeutelten bestanden diesen Härtetest. Sie konnten letztes Jahr den fünfzehnten Hochzeitstag feiern.

Natürlich überkommen nicht nur Frauen manchmal Selbstzweifel. Ich kann mich noch gut erinnern, wie mich mein heutiger Mann vor vielen Jahren zu einem Kurzurlaub in den Süden mit seinem alten Zwölfzylinder-Daimler abholte. Stolz präsentierte er mir den auf Hochglanz polierten Wagen, und bis zum Gotthard verlief unsere Fahrt auch problemlos. Doch im Tunnel begann der Motor plötzlich zu stottern. Mein Zukünftiger schaffte es gerade noch, das Gefährt in eine Pannenbucht zu lenken. Nach einigen Versuchen gelang es ihm glücklicherweise, den Motor wieder zu starten. Und so fuhren wir, ich mit angehaltenem Atem, weiter. Ich war noch nie so froh, als ich das Licht am Ende des Tunnels erblickte. Damals wusste Hanspeter noch nichts von meiner Klaustrophobie. Für ein Outing schien mir unsere Beziehung noch zu frisch.

Das Weekend verlief wunderbar, außer dem kleinen Detail, dass der Daimler auf der Heimfahrt bei fünfunddreißig Grad auf der Autobahn durch die Po-Ebene zum zweiten Mal den Geist aufgab. Als ich Hanspeter mit hochrotem Kopf und betrübter Miene dasitzen sah, war es offensichtlich, wie sehr er unter dieser Situation litt. Er hatte mir ja einen ganz besonderen Ausflug bieten wollen, und jetzt hatte nicht nur das Auto, sondern, aus seiner Sicht, auch er versagt. Und da verliebte ich mich gerade noch ein bisschen mehr in ihn. Heute lachen wir über diesen etwas schwierigen Start in unsere Beziehung. Dass ein solcher ein Garant für eine künftige Beziehung sein kann, lesen Sie nächstes Mal.

Ferienfreuden, Ferienleiden (2)

Wenn die zwischenmenschliche Chemie stimmt, können weder eine üble Magen-Darm-Grippe, die man während der ersten gemeinsamen Ferien zusammen durchsteht, noch ein kaputtes Auto auf der Fahrt in den Liebesurlaub im Süden das Erblühen einer neuen Liebe stoppen. Allerdings können auch die besten Voraussetzungen nicht garantieren, dass die ersten gemeinsamen Ferien als Paar nicht die letzten sein werden.

Vor allem wenn man mit übertriebenen Erwartungen startet, können zwei Tage oder gar drei Wochen sehr lang werden. Und auch der Hormon-Cocktail, der in dieser Verliebtheitsphase unsere Sinne vernebelt, kann nicht helfen, wenn sich der Liebste als knausrig entpuppt und nur mit Widerwillen ein bescheidenes Trinkgeld gibt, oder wenn er ihre Figur kritisiert, dafür am Pool anderen Frauen nachglotzt. Es macht auch nicht gute Laune, wenn sie jeden Tag ausschlafen will, um danach alle Märkte und Shops in der Umgebung zu besuchen, aber für jegliches Kultur- oder Sportangebot nicht zu haben ist.

Natürlich neigt man im jugendlichen Übermut und aus lauter Verliebtheit dazu, seine eigenen Bedürfnisse hintenanzustellen. Und man ist bereit, so manches Experiment zu wagen. Mit meiner ersten großen Liebe, einem angefressenen Segler und Camper, verbrachte ich vier Wochen abwechselnd auf seinem Nussschalenboot und auf einem Campingplatz im Süden Italiens. Sie finden das romantisch? Dazu folgende Details: Damals wie heute hasse ich es, auf sehr engem Raum (Boot, Zelt) mit jemandem zu leben. Als hellhäutige Frau mit tiefem Blutdruck vertrage ich große Hitze und starke Sonneneinstrahlung schlecht. Und ich bin Allergikerin. Schon ein Mückenstich auf dem Augendeckel lässt mich wie eine Preisboxerin nach dem K. o. aussehen. Kurz, ich bin nicht so der klassische Outdoor-Typ, im Gegensatz zu meinem damaligen Freund, mit dem ich übrigens sieben Jahre zusammenblieb.

Und? Sie werden es nicht glauben: Ich habe diese Ferien fast von A bis Z genossen. Außer die drei Tage, als ich wegen eines Sonnenstichs etwas unpässlich war. Genossen habe ich es aus dem einfachen Grund: Weil mein damaliger Freund mir eine neue Welt eröffnete und ich den Mut hatte, in unbekannte Wasser zu springen. Allerdings: Wäre ich nicht hochgradig verliebt gewesen, hätte ich das nie geschafft. Er war übrigens nicht der letzte Mann, für den ich mich aus meiner Wohlfühlzone herauswagte. Mit unterschiedlichem Erfolg. Heute kenne ich meine Grenzen natürlich besser. Ich muss nicht mehr auf harten Schiffsplanken liegen, um zu wissen, dass meine Diskushernie diese Herausforderung nicht braucht. Aber ich würde mich nicht scheuen, auch als Morgenmuffel einen beschwerlichen Aufstieg auf einen Berg (okay, auf einen Hügel) auf mich zu nehmen, wenn ich dafür einen wundervollen Sonnenaufgang erlebe.

Ein Psychologe würde einem frisch verliebten Paar vielleicht raten, vor den ersten Ferien ausführlich über eigene Bedürfnisse und die No-Gos zu sprechen. Meiner Meinung nach ist das nicht nötig. Während der gemeinsam verbrachten Zeit können wir schnell erkennen, ob die neue Beziehung eine Chance hat. Vor allem, wenn man keine zwanzig mehr ist. Und vielleicht ergibt sich ja auch die Gelegenheit, dass man sich durch einen neuen Partner neu erleben kann. Und ob der Neue ein Geizhals oder ein Frauen-Checker ist, lässt sich mit etwas gesundem Menschenverstand ja schon bei den ersten Dates erkennen.

Warum das Einfachste oft das Beste ist

»Eins und eins ergibt zwei. Und die beste Lösung für ein Problem ist oft der einfache Weg.« Dies war einer der besten Ratschläge, die ich von einer lieben Freundin erhalten habe: Christine Bengel ist eine der bekanntesten Numerologinnen Europas und coacht in ihren Seminaren und Kursen seit über dreißig Jahren Studenten und private Kunden. Und nein, was sie lehrt, ist kein esoterischer Hokuspokus, sondern geht auf den griechischen Philosophen Pythagoras zurück, der neben der quantitativen Seite der Zahl immer auch die qualitative Seite betrachtete. Das bedeutet, dass jede Zahl sozusagen eine Seele, ein Eigenleben hat, das einer Gesetzmäßigkeit folgt. »So besteht beispielsweise unser Geburtsdatum aus einer Reihe von Zahlen, und jede einzelne erzählt Geschichten über unsere Potenziale, Chancen, Herausforderungen, Leidenschaften und Neigungen«, sagt Christine Bengel.

Das mag im ersten Moment etwas abstrakt klingen, ist aber logisch. »Denke einfach und unverkrampft, und spüre mit Herz und Bauch, was für dich stimmt«, lautet Christines Motto. Oft sind nämlich die einfachen Lösungen die besten und nicht jene, über denen man stundenlang brüten muss.

Wieso also um tausend Ecken denken, statt dem eigenen Instinkt zu vertrauen, der uns klar sagt, was zu tun wäre? Ganz einfach: Weil wir vor lauter »Verkopftheit« vergessen haben, unserer inneren Stimme zu vertrauen. Beginnen wir dann zu grübeln, werden aus kleinen Konflikten oft riesige Probleme, für die es keinen Ausweg zu geben scheint. Das krampfhafte Suchen nach Lösungen verhindert die Lösung. Und manchmal braucht es in diesen Situationen Denkanstöße von jemand Außenstehendem, die oder der uns ermutigt, eine Sache mit anderen Augen zu betrachten.

Bei meinem letzten Besuch bei Christine Bengel war ich gerade etwas umständlich dabei, eine für mich problematische berufliche Situation in allen Details zu erklären, da sagte sie: »Vereinfache die Dinge!« Leichter gesagt als getan. Aber dann kam mir der sogenannte Gordische Knoten in den Sinn. Diese verknoteten Seile, die nach einer griechischen Sage am Streitwagen des Königs Gordios befestigt waren und sich total verheddert hatten. Und die von Alexander dem Großen mit einem einzigen Schwerthieb durchtrennt wurden.

Das mit dem Schwert wäre im heutigen Leben etwas schwierig, aber die Aussage ist stimmig: Der kürzeste Weg zwischen zwei Punkten ist die Gerade. In meinem Fall bedeutet das: Wenn ich vor lauter Bäumen den Wald nicht mehr sehe, trete ich erst einmal einen Schritt zurück und atme tief durch. Und wenn das noch nichts hilft, laufe ich ein paar Runden oder mache ein Schläfchen. Wenn sich dann die Vögel in meinem Kopf beruhigt haben und mich nicht mehr mit ihrem Gezwitscher wahnsinnig machen, frage ich mich: Was würde ich in dieser Situation meiner besten Freundin raten? Die Antwort ist so simpel und logisch wie, dass eins und eins gleich zwei ist. Nämlich nur das Beste.

Stress, lass nach!

Kürzlich wollte ich an einem Samstagvormittag spontan einen Kaffee trinken gehen und suchte eine Begleitung. Kollegin Xenia jammerte am Telefon: »Ich kann leider nicht, Kindergeburtstag ist angesagt. Ich bin mega gestresst.« Auch von Kollege Alex kam eine Absage per SMS: »Sorry. Keine Zeit. Trainiere für den Halbmarathon. Kuss, A.« Ich gab nicht auf, rief meine beste Freundin Yvonne an, die kurz und bündig mitteilte: »Bin beim Coiffeur. Hab Schönheitsstress, nachher noch Mani- und Pediküre.«

Da saß ich also allein mit meinem Wunsch nach einer Tasse Kaffee und einem gemütlichen Schwatz, und alle um mich herum waren im Freizeitstress. Bekomme ich solche Absagen während der Woche, an einem Arbeitstag, kann ichs gut verstehen. Ich kämpfe ja auch immer mit der Zeit und versuche, alle meine Aufgaben unter einen Hut zu bringen. Aber zunehmend habe ich das Gefühl, dass es keinen Unterschied mehr zwischen Arbeit und Freizeit gibt. Viele meiner Bekannten ziehen am Wochenende ein volles Sportprogramm durch und posten dann auf Facebook stolz, dass sie zwölf Kilometer in Rekordzeit gejoggt sind. Ich stelle mir das richtig anstrengend vor. Bei diesem Gehechel lässt sich nicht mal mehr die Natur bewundern. Freundinnen von mir machen das Gleiche, allerdings in der City. Ihr Ziel: möglichst viele Schnäppchen in möglichst vielen Kleiderläden zu machen, bis sie am Schluss die Orientierung verloren haben, was sie nun geshoppt haben. Wieder andere hüpfen von einem Apéro zum nächsten, immer begleitet von der Angst, etwas zu verpassen. Aber nicht nur die Erwachsenen verplanen ihre Freizeit bis in die letzte Minute. Auch Kinder haben ein straffes Freizeitprogramm: Fußball- oder Eishockeytraining, Ballett- oder Malunterricht, Yoga für Kids oder Theater-Workshop; draußen toben oder einfach mal ein Buch lesen – viel zu anspruchslos!

Und das Mühsamste: Hat man endlich einen gemeinsamen Termin für ein gemütliches Znacht vereinbart, heißt das noch lange nicht, dass es auch stattfinden wird. Vielleicht kommt ja noch ein Angebot für eine Verabredung, die spannender zu sein verspricht. In Zeiten mobiler Kommunikation sind wir ja alle extrem flexibel geworden. Festlegen können wir uns dann, wenn wir alt und grau sind und kein Hahn mehr nach uns kräht.

Es ist jetzt Freitagnachmittag, vier Uhr, und ich werde auf jegliche weitere Aktivität verzichten. Ich sollte zwar noch meine Schwester anrufen und ein Manuskript redigieren, und meiner Familie habe ich ein mehrgängiges Thai-Essen in Aussicht gestellt. Doch ich ziehe mir jetzt mein Pyjama an, nehme einen dicken Schmöker und verziehe mich ins Bett. Und das Schönste an meiner Verweigerung: Ich habe keinerlei schlechtes Gewissen. Das überlasse ich jenen, die am Montag feststellen, dass sie vor lauter Aktionismus vergessen haben, ihr Leben zu leben.

Vater in Finken

Oft, wenn ich im Winter in Zürich über den Sechseläutenplatz spaziere, muss ich an meinen Vater denken. Es war ein kalter Januartag vor mehr als zehn Jahren, und wir hatten uns, wie jeden ersten Freitagmittag im Monat, zum Lunch verabredet. Er kam jeweils mit dem Zug von Winterthur, ich vom nahe gelegenen Pressehaus. Unser gemeinsames Mittagessen war zu einem Ritual geworden, weil unser Kontakt weniger geworden war, seit ich in Zürich lebte. Ich freute mich immer darauf, ihn zu sehen.

Es war bitterkalt an diesem Freitagmittag. Ich weiß es noch, weil ich ohne Handschuhe unterwegs war und mir fast die Hände abfroren. Mein Vater, wie immer perfekt gekleidet in Lammfellmantel und Anzug mit Schal und Hut, winkte mir schon von weitem zu. Als ich näher kam, sah ich auf den ersten Blick: Statt seiner Winterstiefel trug er Finken. Finken! Ich schauderte. Nicht nur wegen der eisigen Kälte. Es war mir sofort klar, dass hier etwas ganz und gar nicht stimmte. Als ich ihn darauf hinwies, lachte er nur und meinte: »Ui, ich habs heute ein bisschen pressant gehabt und hätte fast den Zug verpasst.« Es lagen mir so viele Fragen auf der Zunge, aber ich wagte es nicht, ihn damit zu konfrontieren – aus lauter Angst, damit ein Kapitel aufzuschlagen, das sehr schmerzhaft werden könnte.

Nach unserem Mittagessen, das in normalem Rahmen verlief, mein Vater wirkte so wie immer, hatte ich wieder und wieder dieses Bild vor Augen: Papa in Finken auf der vereisten Straße. Ich versuchte, mich zu beruhigen. Es konnte ja sein, dass es ein Versehen war. Vielleicht war er wirklich so im Schuss gewesen, dass er vergessen hatte, die Schuhe zu wechseln? Doch mein schlechtes Gefühl trog mich nicht.

Drei Monate später wurde bei ihm Demenz diagnostiziert. Weitere drei Monate später war er bereits so verwirrt, dass wir ihn in ein Pflegeheim einweisen mussten. Und ein Jahr später erkannte er mich nicht mehr und nannte mich Hermine; so hatte seine Mutter geheißen. Knapp zwei Jahre nach dem schicksalsträchtigen Treffen starb mein Vater.

Es mag sich seltsam anhören, aber diese letzten zwei Jahre waren, bei aller Härte, die diese Krankheit mit sich brachte, auch ein Geschenk. Auch wenn sich die Rollen verkehrt hatten, ich war die Mutter und er das Kind, waren wir uns so nahe wie nie zuvor. Mein Vater wusste zwar nicht mehr, wer er war, aber das Band der Liebe war stärker als die Verwirrung. Denn zum ersten Mal in seinem Leben konnte und durfte er seine Gefühle zeigen und musste nicht der starke Mann sein, wie es von ihm erwartet wurde. Manchmal, wenn ich über den Sechseläutenplatz gehe, bin ich traurig, weil ich ihn vermisse. Aber auch glücklich über die gemeinsame Zeit.

Von Schnittlauch und anderen Locken

Ich habe ein äußerst neurotisches Verhältnis zu meinen Haaren. Sie sind, leider zu oft, für meine Tagesform (mit)verantwortlich. Gerade heute habe ich meiner Freundin, meiner Gewährsfrau in Frisurenfragen, per Whatsapp zwei meiner Wunschfrisuren geschickt. Einen halblangen Bob, wie ihn die Schauspielerin Jennifer Lawrence trägt, und eine Kurzhaarfrisur mit überlangem Pony. Ich: »Wie findest du diese Frisuren für mich?« Sie: »Für die erste hast du eh keine Geduld, um sie wachsen zu lassen, für die zweite bist du zu alt.« Rumms, das saß, und meine Laune glich einem nahenden Tiefdruckgebiet. Sie wurde immer schlechter, und ich fragte mich: Warum hat der Sitz der Haare einen so großen Einfluss auf mein Wohlbefinden?

In den letzten drei Jahrzehnten hatte ich sicher dreißig verschiedene Frisuren: von kurz über mittel- bis lang. Mein Haar war gelockt, dauergewellt, ausgefranst, störrisch, stumpf, glatt, glänzend, raspelkurz oder hatte große Ähnlichkeit mit Schnittlauch. Es war platin- und goldblond, brünett, rötlich getönt und – nein, schwarz war es nie. Irgendwann setzt auch bei mir der Verstand wieder ein. Wenn Sie mich jetzt fragen, was meine Naturfarbe ist, muss ich überlegen. Die habe ich nämlich seit fünfundzwanzig Jahren nicht mehr gesehen. Ich würde sagen: ein unauffälliges, mattes Mausblond.

Zurzeit trage ich kurze Haare, die ich seit Jahren erfolglos wachsen zu lassen versuche. Aber immer, wenn ich sie auf halbe Länge zu einem Bob gezüchtet habe, erschrecke ich über mein eigenes, biederes Spiegelbild, und ratzfatz, sind sie wieder kurz. Mit diesem ewigen »Ich möchte meine Haare wachsen lassen, aber ich schaffe es nicht« nerve ich meine Umwelt ziemlich.

Aber kommen wir zur Frage zurück, warum wir ständig auf der Suche nach der perfekten Frisur sind. Meine Coiffeuse Jasna erklärt das so: »Viele meiner Kundinnen und Kunden haben das Gefühl, wenn das Haar sitzt, dann stimmts auch mit dem Leben. In unseren schwierigen Zeiten, in denen wir die meisten Dinge nicht mehr kontrollieren können, ist ein guter Haarschnitt ein fester Wert, der uns das Gefühl gibt, dass wir wenigstens etwas im Griff haben.« Der Frisurenwahn betrifft übrigens nicht nur uns Frauen. Als ich kürzlich Interviews mit Männern zum Thema Älterwerden führte und sie fragte, was sie daran am meisten störe, antwortete die Mehrheit: »Meine schwindende Haarpracht.« Denn diese stehe für Kraft, Elan und Jugend. Eine Aussage, die ich nicht nachvollziehen kann, gefallen mir doch jedenfalls Männer mit Glatze besser als jene, die jedes Härchen züchten oder es, noch schlimmer, mit einem tiefen Scheitel über den eigentlich kahlen Schädel drapieren. Nicht nur ich habe ein neurotisches Verhältnis zu den eigenen Haaren. Es geht anderen (zum Glück) ebenso.

Sind denn alle guten Männer schon vergeben?

»Hat dein Mann nicht einen Bruder?«, werde ich immer mal wieder von einer Single-Kollegin gefragt. Im zweiten Satz seufzt sie dann meistens: »Die guten Männer sind doch alle schon vom Markt.« Natürlich ist mir bewusst, dass mein Mann ein Goldstück ist, und es ist auch klar, dass die Chance, ein solches zu finden, mit zunehmendem Alter immer kleiner wird. Aber wie viel Wahrheit steckt eigentlich in dieser Aussage? Ist sie nur eine Ausrede von gefrusteten Frauen, die keinen Partner finden? Oder entspricht sie der Wahrheit, nämlich, dass »die Guten« wirklich nicht mehr zu haben sind? Aus eigener Erfahrung kann ich sagen, dass ich in den letzten Jahren einige tolle Männer kennen gelernt habe, mit denen ich mir, wäre ich nicht gebunden gewesen, eine Beziehung hätte vorstellen können. Und ja, die meisten von ihnen waren wirklich in festen Händen.

Wissenschaftler der Texas Christian University nahmen die Frage »Sind die guten Männer alle vergeben?« zum Anlass, zu fragen, wie diese überhaupt zustande kommt. Warum werden vergebenen Männern so viele Qualitäten nachgesagt? Hatten die Frauen, die diese Männer »bekamen«, ein besonders gutes Händchen, oder verfügen sie über besondere Eigenschaften, sodass sich begehrte Männer in sie verliebten? Oder geht es bei diesem Wunschdenken der suchenden Frauen einfach nur darum, dass etwas, was man nicht haben kann, erstrebenswerter scheint?

Um diesen Mechanismen nachzugehen, untersuchten die Wissenschaftler ein Phänomen, das »Partnerwahl-Nachahmung« genannt wird. Da geht es darum, dass die Partnerwahl einer anderen

Person als nachahmenswert empfunden wird. Und siehe da: Männer, von denen die Teilnehmerinnen glaubten, sie seien mit einer attraktiven Frau zusammen, wurden tatsächlich als anziehender eingestuft.

Für die Untersuchungen mussten sich hundertvierundachtzig Studentinnen Bilder von Männern in weiblicher Begleitung anschauen. Dabei handelte es sich um die Partnerin, die Expartnerin, eine Schwester oder eine andere Verwandte. Danach mussten die Teilnehmerinnen die Attraktivität der Männer bewerten. Dabei stellte sich klar heraus, dass die Männer, von denen die Probandinnen glaubten, sie seien mit der Frau auf dem Bild in einer sexuellen Beziehung, als am attraktivsten wahrgenommen wurden. »Die Guten sind schon alle vergeben« mag zwar stimmen, aber in erster Linie verlassen wir uns bei dieser Einschätzung auf die Partnerwahl von anderen, nicht auf uns selbst. Am erstrebenswertesten erscheint uns also immer das, was wir nicht haben können. Ob diese Tatsache auch auf Single-Männer zutrifft, die sich in gebundene Frauen verguckt haben, ist wissenschaftlich noch nicht geklärt. Ich schätze aber, dass sich ebenfalls viele fragen: »Warum sind alle guten Frauen bereits vergeben?« Ausgleichende Gerechtigkeit nennt sich das.

Warum Geiz nicht geil ist

Irgendwie kennt doch jeder von uns einen jener Zeitgenossen, der, wenn es in einer Runde im Restaurant ans Bezahlen geht, regelmäßig diskret aufs WC verschwindet. Oder bedauernd seufzt: »Sorry, so blöd! Gerade heute habe ich mein Portemonnaie vergessen.« Oder einen dieser Rappenspalter, die nach dem gemeinsamen Abendessen mit Freunden, und schon lange bevor die Rechnung gebracht wird, genau wissen, wie viel ihre Konsumation kostet: nämlich sechsunddreißig Franken fünfzig. Und dann äußerst großzügig auf siebenunddreißig Franken aufrunden: »Der Rest ist dann für Sie, Fräulein!« Und dies, obwohl alle Anwesenden ungefähr das Gleiche gegessen und getrunken haben und man die Rechnung gleichmäßig aufteilen könnte (es geht also nicht darum, dass man eine halbe Flasche Wein bezahlen müsste, die man nicht konsumiert hat).

Immer wieder amüsieren mich die meist alten Damen, die im Café minutenlang und lautstark darüber diskutieren können, wer jetzt die helle Schale und das Vermicelle zahlen muss: »Nein, du hast doch das letzte Mal bezahlt, Gertrud! Jetzt bin ich dran!« Aber dann frohlockend das gesparte Nötli wieder einstecken, während sie im Brustton der Überzeugung seufzen: »Aber gell, das nächste Mal bin ich dann dran. Aber ganz sicher!«

Mag das letzte Beispiel durchaus einen spielerischen Unterton haben – vielleicht handelt es sich ja auch um ein jahrelang eingespieltes Ritual –, so kann ich den anderen Geizhälsen überhaupt nichts Positives abgewinnen. Geizige Menschen sind mir echt zuwider. Aber Achtung, ich spreche hier nicht von Sparsamkeit, die viele Menschen heute leben müssen, weil das Leben teuer und der Lohn knapp ist. Für mich hat Großzügigkeit oder das Gegenteil, der Geiz, nichts damit zu tun, wie viel Geld man auf dem Konto hat oder eben nicht. Und ich habe in meinem Leben viel mehr wohlhabende Geizhälse kennen gelernt als arme Schlucker, die auch dann gern geben, wenn es, sprichwörtlich gesagt, ihr letztes Hemd ist. Großzügigkeit ist eben eine Charaktereigenschaft. Und nicht umsonst gibt es die Redewendung: »Bei den Reichen lernt man sparen.«

Wenn jemand Freude an jedem gesparten Franken hat, sei es ihm gegönnt. Vielleicht ist ein gefülltes Sparkonto für diese Person ja ein Ruhekissen in dieser unsicheren Welt. Auch wenn sie es ja nicht mitnehmen kann, wenn sie dann einmal abtreten muss. Aber Menschen, die nicht nur mit sich selber, sondern auch mit anderen geizig sind, sind mir trotzdem nicht geheuer. Denn für mich bedeutet dies nichts anderes, als dass diese Person nicht nur in materiellen Dingen, sondern auch auf der emotionalen Ebene nicht teilen und genießen kann. Weil sie eben ständig am auf- und ausrechnen ist, wer jetzt wie viel gegeben hat und wem sie etwas schuldig ist. Das sind dann auch die Menschen, die nichts annehmen können, weil sie sich sonst moralisch in der Schuld des anderen fühlen. Oder, wie es der Psychologe Oskar Holzberg im Magazin »Brigitte« treffend formulierte: »Ein wahrer Onkel Dagobert geht ohnehin keine tiefe Bindung ein. Er möchte nichts teilen, schon gar nicht sein Leben.«

Wie sag ichs bloß meiner Mutter?

War es in der Küche eigentlich immer so düster gewesen? Und ein bisschen muffig roch es auch. Als ich den Schrank über der Spüle öffnete, wunderte ich mich, dass das Geschirr nicht wie üblich fein säuberlich geordnet war. Ich griff nach zwei Gläsern. Als ich sie auf den Küchentisch stellte, fühlten sie sich ungewohnt klebrig an. Darum wusch ich sie nochmals ab.

»Stimmt etwas nicht?« Der Ton meiner Mutter war ungewohnt scharf. Ungewöhnlich war auch, dass hier etwas nicht picobello war. »Bei eurer Mutter kann man vom Fußboden essen«, sagte mein Vater jeweils mit strafendem Blick auf seine Töchter. Immer, wenn er das sagte, wollte ich entgegnen: »Papa, der Vergleich hinkt. Wir haben Spannteppich in der Küche.« Aber wenn ich sah, wie sich die Eltern liebevoll anlächelten, verkniff ich mir die Bemerkung. »Ist der Geschirrspüler kaputt?«, fragte ich gedankenlos, während ich die Gläser abtrocknete. »Was fällt dir ein!«, fuhr mich meine Mutter an. »Das ist immer noch mein Haushalt!« Schlagartig wurde mir klar: Meine Mutter konnte nicht sehen, dass die Gläser dreckig waren. Ihre Augen ließen es nicht mehr zu. Und darum war ihre Empörung, jedenfalls aus ihrer (sprichwörtlichen) Sicht, mehr als angebracht.

Zu diesem Zeitpunkt war sie sechsundachtzig Jahre alt. Mein Vater war ein Jahr jünger. Meine Schwester und ich fragten uns ratlos: Wie machen wir unseren Eltern klar, dass sie im Haushalt Hilfe brauchen? Der Zeitpunkt war nicht optimal. Denn jedes Mal, wenn wir nach diesem Vorfall nach Hause kamen, sagte Mutter: »Dein Vater und ich sind ein super Team!« Tatsächlich hatte er begonnen, kleine Hausarbeiten zu übernehmen: Er saugte die Teppiche, trug den Korb mit der Wäsche aus dem Trockenraum in den zweiten Stock und deckte ab und zu den Tisch. Allerdings hatten beide nicht bemerkt, dass Küchenschaben aus dem Haferflockenbeutel schlüpften. Dass sich winzige Brotkrumen in den Ritzen des Küchentischs angesammelt hatten, dass sich auf der Herdplatte übergekochte Milch eingefressen hatte. Ganz zu schweigen vom Eisfach im Kühlschrank, das so vereist war, dass man die Schachtel mit den gefrorenen Erbsen nicht mehr herausklauben konnte.

Eine Haushaltshilfe musste her! Aber wie sollten wir das Mutter schmackhaft machen? Für sie als Hausfrau und Mutter war die Wohnung ihr ganzer Stolz. »Mir kommt keine fremde Frau in die Wohnung.« Lange belächelten wir ihren zweideutigen Spruch.

Das Schicksal erbarmte sich zweifach. Einerseits war es der größte Wunsch meiner Mutter gewesen, in ihrem Bett sterben zu dürfen. So passierte es auch. Mit dreiundneunzig Jahren schloss sie an einem heißen Junitag ihre Augen für immer. Ich bekam die Nachricht per Telefon von einer Frau, die ich noch nie persönlich getroffen hatte. Gemäß meiner Mutter hatte es bis zuletzt keine »fremde Frau« in ihrem Leben gegeben – auch ihr zweiter Wunsch war also in Erfüllung gegangen –, aber es gab »sehr sympathische Damen«, wie sie es ausdrückte, die ihr behilflich waren. Am Anfang hatte sie sich natürlich gegen diese Unterstützung gewehrt. Aber als sich ihre Schwächeanfälle häuften, sie aber nicht ins Altersheim wollte, musste sie klein beigeben.

Nach dem Tod meiner Mutter erfuhr ich, wie sehr Mama von ihren Spitex-Pflegerinnen geschätzt worden war. Die Sympathie war gegenseitig. In einem unserer letzten Telefonate offenbarte Mutter: »Du glaubst es nicht, aber diese Frauen sind fast zu Freundinnen geworden. Und ich verrate dir etwas: Sie helfen mir sogar im Haushalt!« Ich war (nicht) wirklich erstaunt.

Jungsein ist keine Auszeichnung

Als Journalistin, die auf einer Lifestyle-Redaktion arbeitet, bekomme ich täglich Mails von PR-Kollegen, die mir die Produkte ihrer Auftraggeber »verkaufen« wollen. Diese Mails sind oft interessant, manchmal jedoch auch nur einfältig. So bekam ich dieser Tage eine Mitteilung, bei der es um ein neues Nahrungsergänzungsmittel ging. Dieses Produkt wurde mit dem Slogan »Anti-Aging beginnt im Mutterleib« angepriesen.

Meine Aufmerksamkeit war durchaus geweckt, mein Ärger allerdings auch, denn dieser ganze Anti-Aging-Kult erreicht langsam idiotische Ausmaße. Im Kampf gegen das Altern wird jetzt sogar mit Föten geworben. Doch eigentlich ist dieser Trend ja nur ein Spiegel unserer Gesellschaft. Denn der Druck, möglichst lang jung und leistungsfähig zu bleiben, ist enorm, das Älterwerden wird mit Makel und Schwäche assoziiert.

Kosmetik, Nahrung, Fitness und Gesundheitsprophylaxe sollen helfen, ewige Jugend zu erlangen. Fragt sich nur, ob diese auch erstrebenswert ist. Stellen Sie sich vor, der Tod würde nicht existieren – wäre diese Unendlichkeit nicht fürchterlich? Ganz abgesehen von der explosionsartigen Zunahme der Weltbevölkerung, welche die Folge wäre, schreckt mich der Gedanke an eine Ewigkeit auf dieser Welt sehr.

Verstehen Sie mich nicht falsch! Auch ich möchte mir eine gewisse Jugendlichkeit bewahren. Neue Falten begrüße ich nicht mit einem Freudenschrei, auch ich benutze teilweise teure Cremen und Lotionen, um die Haut schön zu halten. Und ich bin durchaus empfänglich für gewisse Versprechen der Beauty-Industrie. Ich mache (widerwillig) regelmäßig Gymnastik. Dies nicht aus Freude, aber auch als Bewegungslegastheniker will ich meinen Körper, solange es geht, geschmeidig halten. Aber ich versuche zu akzeptieren, dass es keine ewige Jugend gibt und dass das Älterwerden, vorausgesetzt, man ist einigermaßen gesund, durchaus seine schönen Seiten haben kann. Dies gelingt mir nicht jeden Tag, denn manchmal betrübt mich der Abbau meines Körpers schon. Doch die meiste Zeit freue ich mich an meinem Erfahrungsschatz und am Wissen, ein ausgefülltes und reichhaltiges Leben zu haben. Denn Jungsein ist keine Auszeichnung, sondern einfach ein Lebensabschnitt.

Dass ich mit meiner Haltung nicht allein bin, haben mir die vielen positiven Reaktionen gezeigt, die ich auf mein Buch »Älterwerden für Anfängerinnen« erhalten habe. Viele Frauen, aber auch Männer, haben mir erzählt, mit welchem Elan und welcher Zuversicht sie ihr Leben auch in reiferen Jahren meistern. Und dass das Älterwerden, wie das Jungsein, schöne und schwere Seiten hat. Und hat man die Tatsache, dass wir alle sterblich sind, erst einmal akzeptiert, wird vieles leichter und man beginnt mehr im Moment zu leben. Und genau darauf kommt es doch an.

Oskar – das Tier in mir

Ich glaube, ich bin die Besitzerin des bequemsten Sofas der Welt. Und hübsch ist es auch. Aus graublauem, gewebtem Stoff und garniert mit vielen bunten Kissen, ist es eine richtige Wohlfühloase. Es gibt für mich kaum etwas Schöneres, als mich hier mit einer Decke einzukuscheln, zu lesen, Musik zu hören oder ein bisschen zu dösen. Meistens bin ich nicht allein, ein guter Gefährte liegt neben mir. Nein, es ist keiner meiner Hunde Louis oder Millie, sondern jemand anderer.

Darf ich vorstellen: mein innerer Schweinehund. Nennen wir ihn Oskar. Eigentlich ist er ein ganz angenehmer Zeitgenosse, vor allem dann, wenn er seine Schnauze hält. Dann, wenn ich kein ungesundes Zeug esse und wenn ich mich regelmäßig bewege.

Leider ist Oskar in letzter Zeit sehr aufdringlich, er meldet sich bei jeder möglichen und unmöglichen Gelegenheit. Wie beispielsweise jetzt: Draußen wirds schon dunkel, die heiße Schokolade, die ich trinke, wärmt Körper und Seele. Und die letzten Weihnachtsguetsli aus der Dose schmecken supergut.

»Bleib schön liegen«, raunzt mir Oskar ins Ohr.

Aber natürlich weiß ich, dass mein Herumfläzen alles andere als gesund ist. Mein Bauch wirft schon Falten, und wenn ich nicht langsam von meinem Sofa aufstehe und meine Glieder bewege, wachse ich hier fest.

Doch Oskar hat die Situation voll im Griff und nölt: »Weißt du was, das ist mir so was von egal. Es ist Winter, und wir dürfen das.«

Jedoch auch mein Gewissen regt sich und flüstert: »Weißt du eigentlich, wie schnell es wieder Frühling ist und du dich wieder beschweren wirst, weil dir deine leichten Kleider nicht mehr passen und ich dein Gejammer anhören muss?«

Dieses Argument zieht. Ich sehe mich vor meinen inneren Augen mit Jeans, die ich nicht mehr schließen kann, Blusen, die über meiner Brust spannen, und Jacken, die nach einer größeren Größe rufen.

»Okay, okay«, ruft Oskar entnervt, »ab morgen gehen wir ins Fitness.«

»Nein«, meldet sich mein Gewissen, »aufstehen, rausgehen, Runden drehen, und zwar subito! Sonst hast du schon wieder die nächste Ausrede parat, zum Beispiel, es werde zu früh dunkel.«

Murrend raffe ich mich auf und schlüpfe (in Zeitlupengeschwindigkeit) in meine Trainingsklamotten. Wenig später trotten wir durch den frühen Abend (auch in Zeitlupe). Mit einem dicken Schweinehund an der Seite kann man schließlich kein zu forsches Tempo einschlagen. Es dauert keine zehn Minuten, und wir zwei sind außer Atem. »Noch eine Runde«, verlangt das Gewissen, aber der Schweinehund quiekt: »Ich kann nicht mehr!«

Wieder zu Hause, werfe ich mich als Erstes auf mein Sofa. Herrlich! »Siehst du«, flüstert das Gewissen, »hat man sich einmal überwunden, kann man das Nichtstun danach doppelt genießen.«

»Ja, mach das«, jubelt Oskar. »Jetzt noch eine Tasse heiße Schokolade und ein paar Brunsli.«

Dem kann ich nicht widersprechen. Schließlich liebe ich das Tier in mir.

Wie sag ichs meinem Nächsten? (1)

»Ich bring ihn um!«, schäumt meine Freundin Dani und macht so dem Cappuccino Konkurrenz, der vor ihr steht. He, habe ich etwas verpasst? Denn Kurt, dem diese Mordlust gilt, ist ihr Liebster, mit dem sie seit achtzehn Jahren glücklich verheiratet ist. Jedenfalls so glücklich, wie man mit zwei Teenager-Söhnen, einer Schwiegermutter im gleichen Haushalt und einer schlecht bezahlten Halbtagesstelle sein kann. Nicht zu vergessen Labrador-Welpe Kurti, der ihr den ganzen Tag am Bein klebt. Der Hund war der innigste Wunsch des dreizehnjährigen Beni, jedenfalls bevor er entdeckte, dass er seine Schulkollegin Mia doch noch ein bisschen lieber hat als Kurti – auch, weil Mia nicht fünfmal am Tag Gassi gehen muss.

Wie so oft sind es also die Kleinigkeiten des Alltags, die auch Danis Beziehung torpedieren. »Er macht immer so komische Geräusche beim Autofahren«, erzählt sie mit todernster Miene. »Jedes Mal, wenn ihn einer auf der Autobahn überholt, gibt er den gleichen üblen Zischlaut von sich«, sagt sie und zischt vor sich hin. Ich kann nicht anders, ich muss lachen. Wenn das alles ist, was meine Freundin an ihrem Mann nervt, hat sie bei Euromillions gewonnen.

»Ja, lach nur«, giftet sie mich an. »Weißt du, wie oft ich das höre, wenn wir mit dem Auto meine Mutter in der Westschweiz besuchen? Oder wenn wir nach Italien in die Ferien fahren? Dann sitzt nicht mein Mann neben mir, sondern eine züngelnde Klapperschlange.«

Manchmal sind es eben nicht die klischierten Socken, die nicht im Wäschekorb landen, oder der Abfallsack, der regelmäßig in der

Küche stehen bleibt. Es sind, viel perfider, die klitzekleinen Ticks des anderen, die uns zur Weißglut bringen. Fand man es nach dreiwöchiger Beziehung noch »süß«, dass der neue Freund nach jedem Essen im Restaurant mit einem Zahnstocher in seinem Gebiss pulte, befällt einen nach dreimonatiger Beziehung bereits ein Hauch von Ärger, wenn er die Stäbchen umständlich aus dem Papier schält. Und nach drei Jahren versteckt man die Zahnstocher bereits vor der Bestellung des Essens in der eigenen Handtasche. Dies, weil man erkannt hat, dass es absolut nichts bringt, wenn man sein Gegenüber auf alle verschiedenen Arten – von humorvoll bis unmissverständlich – darauf hingewiesen hat, dass einen dieser Tick nervt. Ein Tiefenpsychologe würde sein Verhalten vielleicht als passiv-aggressives Machtspielchen gegenüber weiblicher Autorität deuten. Denn er sagt, die Liebste erinnere ihn in dieser Beziehung an seine Mutter, die vor vielen Jahren versucht habe, ihm bessere Manieren beizubringen. Was er noch heute ablehne.

Blödsinn! Denn nicht nur Männer haben solche »Mödeli«. Ich bin sicher, auch mein Mann könnte einige Eigenschaften aufzählen, die ihn an mir nerven. Wie die Geräusche, die ich mache, wenn ich minutenlang mit meinen Fingern auf der Bettdecke herumklopfe, wenn ich nicht schlafen kann. Ich mache das ja nicht, um ihn zu ärgern. Vieles passiert unbewusst, und wir kompensieren mit diesen kleinen Ticks Gefühle wie Ungeduld, Unsicherheit oder Ärger, und mit der Zeit werden sie zu Gewohnheiten. Wie aber sagt man jemandem, den man gernhat oder den man liebt, dass einen gewisse Dinge an seinem Verhalten wirklich stören?

Wie sag ichs meinem Nächsten? (2)

Wie ich letzte Woche hier schrieb, rate ich, nervende »Mödeli« des Partners weder zu thematisieren noch sich darüber aufzuregen. Denn das bringt nichts. Wenn es aber nicht um kleine Ticks geht, sondern um heikle Dinge? Wie verklickere ich einer Freundin, dass sie einen Mundgeruch verströmt, der gar Katzen abschrecken würde? Oder wie mache ich meiner netten Arbeitskollegin klar, dass ihr Schweißgeruch immer öfter Thema bei den Kollegen ist? Es ist verdammt schwierig, solch intime Dinge auszusprechen, ohne die Betroffenen zu beschämen. Und warum sollte ich mich überhaupt exponieren? Ist doch nicht selten der Bote schlechter Nachrichten am Schluss der Buhmann.

Für mich braucht es keine Überwindung, eine unbekannte Frau auf dem WC darauf hinzuweisen, dass ihr Jupe noch halb in der Strumpfhose hängt. Ich selbst bin froh, wenn man mich darauf hinweist, dass ich Lippenstift an den Zähnen habe oder eine Bluse verkehrt herum angezogen habe. Schwieriger ist es, wenn es persönlicher wird. So wie kürzlich, als mich ein Freund beim Apéro sanft rügte, dass ich ziemlich laut reden und lachen würde: »Alle schauen zu uns hin!«

Noch heikler wird es bei Körpergerüchen. »Am besten, du sprichst deine Kollegin darauf an, dass sie mieft«, lautete sein gut gemeinter Ratschlag. Vielleicht geht das bei Männern, und sie sagen sich nach dem Fitness-Training in der Umkleidekabine locker: »Hey, Bro, du stinkst echt wie ein alter Waschbär.«

»Schenk ihr ein Deo«, meinte eine Freundin. Und wie bitte sähe das aus? Ich schlendere an ihrem Pult vorbei, zwinkere ihr zu und drücke ihr das Deo in die Hand? Sie wird mich entweder verständnislos anschauen, oder sie bekommt einen hochroten Kopf – wenn sie den Braten im wahrsten Sinn des Wortes gerochen hat – und wird kein Wort mehr mit mir wechseln. Ich überlege mir, was ich mir an ihrer Stelle wünschen würde: eine diskrete Aufklärung oder das Nichtbeachten des Problems? Nach dem Motto »Was ich nicht weiß, macht mich nicht heiß«. Schließlich sind mir eh drei Viertel meiner Kollegen wurscht.

Ich entschloss mich zu diskreter Aufklärung und lud die Kollegin zum Kaffee ein. Während sie munter über Freizeiterlebnisse berichtete, lief mir, aufgeregt, wie ich war, der kalte (hoffentlich geruchlose) Schweiß über den Rücken. Gerade als ich meine wohlüberlegte Ansprache starten wollte, schnüffelte sie unter ihren Achseln und sagte: »Gopf, ich muss aufhören, diese Polyesterblusen zu tragen. Ich stinke ja wie ein Elch.« Feige stotterte ich: »Also ich hätte es nicht bemerkt. Aber sicher schwitzt man in Baumwolle weniger. Und zufällig habe ich aluminiumfreie Deos bekommen. Möchtest du eins testen?« – »Aber klar«, antwortete sie nicht im Mindesten betupft. »Und wenn wir hier so sitzen, möchte ich dir sagen, dass dein Parfum etwas zu stark ist«, sagte sie ohne Verlegenheit: »Mich stört es nicht. Aber ich habe auf dem WC gehört, wie zwei Kolleginnen darüber geklatscht haben.«

Kompensieren mit Shaqiri

Manchmal gibt es durchaus auch an einem drögen Montagmorgen etwas zu lachen. Dann nämlich, wenn man ein Foto auf der Website der größten Schweizer Boulevardzeitung sieht, auf dem ein Schweizer Nati-Fußballer – von Insidern auch »Kraftwürfel« genannt – aus einem riesigen, schwarzen Auto steigt. Und diesem einen so liebevollen und stolzen Blick zuwirft, als wäre sein Objekt der Begierde nicht vierräderig, sondern ein Topmodel à la Gisele Bündchen. Aber Xherdan Shaqiris neuste Eroberung ist eben keine langbeinige Schönheit, sondern ein Luxusschlitten. Genauer gesagt ein Rolls-Royce, Modell Wraith Black Badge. Das Bild rührte mich, weil es zeigte, dass auch »Shaq« gewisse Kompensationen braucht. Natürlich in einer anderen Dimension, als wir Normalsterbliche das tun: Verführt mich ein schlechter Tag dazu, wieder einmal ein neues Blüschen zu shoppen, leistet er sich eben einen Rolls, dessen Katalogpreis bei dreihundertsiebzigtausend Franken liegt. Shaqiri ging es zu diesem Zeitpunkt beruflich nicht gerade blendend. In den vorherigen sechs Partien seines Klubs FC Liverpool hatte er zuschauen müssen und war nicht zum Einsatz gekommen. Aber der »kraftvollste Rolls-Royce aller Zeiten« war für ihn sicher ein nettes Trostpflaster.

Das Kompensieren hat in unserer heutigen Gesellschaft einen denkbar schlechten Ruf. Doch seien wir ehrlich, wer kompensiert nicht? Selbst wenn es nur das Feierabendbier oder der zweite Teller Spaghetti alla carbonara nach einem mühsamen Arbeitsalltag ist. Ich kann den Wunsch, die eigene Stimmung oder den Selbstwert gelegentlich etwas aufzupolieren, nicht grundsätzlich negativ finden. Solange ich weder meine Gesundheit noch mein Konto nachhaltig schädige. Beispiel gefällig? Ich lebe heute einen stabilen Alltag, der meinem Sicherheits- und Geborgenheitsbedürfnis entgegenkommt. Trotzdem sehne ich mich ab und zu nach jenen Zeiten, in denen mein Leben Achterbahncharakter hatte. Verstehen Sie mich nicht falsch. Ich mag mein heutiges Leben. Jedenfalls meistens. Aber der Mensch sehnt sich ja bekanntlich nach dem, was er nicht (mehr) hat. In meinem Fall wäre das – sinnbildlich – etwas mehr Tote Hosen als Patent Ochsner.

Aber weil ich heute weder über die Nerven noch über die Tränenkapazität früherer Tage verfüge, ist mein gelegentliches Kompensationsverhalten ziemlich jugendfrei: Nach Lesungen aus meinen Kolumnen oder Büchern fahre ich meistens zu später Stunde im Auto nach Hause. Im Radio läuft dann meine Lieblingsmusik auf höchster Lautstärke. Dazu trinke ich – nein, natürlich keinen Schampus! – ein Fläschchen gezuckertes Coca-Cola und futtere Gianduja-Pralinés. Daheim angekommen, liegen Mann und Hunde oft schon im Tiefschlaf – jedenfalls tönt es danach –, während ich mich ausziehe und, nein, nicht in verführerische Seidendessous schlüpfe, sondern in mein bequemes, auf der Heizung vorgewärmtes Pyjama. Um mich danach aufs Sofa zu werfen und ein paar Folgen schlafraubender »Real Crime«-Serien auf Youtube zu genießen. Und das Beste an diesem Mini-Rock-'n'-Roll-Leben? Ich kann bei diesen eher seltenen Gelegenheiten am nächsten Morgen bis in die Puppen ausschlafen. Merke: Die Bedürfnisse ändern sich. Wichtig ist nur, dass man sie hin und wieder auslebt. Denn zu wenig Genuss macht bekanntlich ungenießbar.

Die Kraft der Sehnsucht

Ein Lied, das längst vergangene Erinnerungen weckt. Ein Geruch, der an eine geliebte Person erinnert. Eine Landschaft, die uns das Gefühl gibt, schon einmal hier gewesen zu sein, obwohl wir sie das erste Mal sehen. All dies kann Bilder in uns wecken und uns für Momente in eine andere Realität versetzen. Diese kurze Traumreise kann uns glücklich, melancholisch, aber auch traurig stimmen. So wird mich das Parfum »L'Air du Temps« von Nina Ricci immer an meine Mutter erinnern, die diesen Duft auf ihre Taschentücher gesprüht hat. Ein gewisser Song von Portishead weckt Bilder einer leidenschaftlichen Affäre, und das Foto einer englischen Parklandschaft in der Nähe von Oxford gibt mir das Gefühl, vor langer Zeit schon einmal dort gelebt zu haben.

Doch Sehnsüchte kommen nicht nur aus der Vergangenheit, sie können auch in unserem Unterbewusstsein wachsen und so Platz in unserem jetzigen Leben einnehmen. Vielleicht ist da erst einmal die Liebe zu einer Stadt, die man immer wieder besucht. Mit der Zeit wächst der Wunsch, mehr Zeit dort zu verbringen. Obwohl uns klar wird, dass viele Gründe dagegen sprechen, beginnen wir uns vorzustellen, wie es wohl wäre, dort zu leben. Und diese Vorstellung befeuert unsere Sehnsucht.

Sie ist wie ein Versprechen an uns selber. Ob wir es allerdings einlösen werden, bleibt offen. Sehnsucht ist etwas Sonderbares. Sie lässt sich nicht so klar umreißen wie andere Gefühle: Freude, Wut oder Angst sind Folgen unserer Stimmungen. Doch Sehnsucht hat viel mehr Facetten: Sehnsucht kann sich sanft und zärtlich wie ein Windhauch anfühlen, aber auch intensiv und leidenschaftlich wie ein Sturm. Sie kann inspirierend und hoffnungsvoll wirken, aber auch drängend und verstörend sein. Uns zu Entscheidungen drängen, Grenzen zu sprengen und über unseren Schatten zu springen. Denn die Sehnsucht hat eine gewaltige Kraft, die es nicht zu unterschätzen gilt. Unzählige Liebesgeschichten wurden aus ihr geboren. Sie beflügelt Künstler zu Höchstleistungen und stürzt Hoffnungsvolle ins Elend.

Was aber tun, wenn sich Sehnsüchte nicht erfüllen? Manche Menschen tragen sie ein Leben lang mit sich herum und sind am Ende ihres Lebens verbittert, weil sie nicht wahr geworden sind. Andere verhalten sich realistisch und legen sie zur Seite wie ein Buch, das sie fertig gelesen haben. Vielleicht auch mit der Fähigkeit, das zu schätzen, was sie haben, und nicht alten Träumen hinterherzutrauern. Oder die Sehnsucht bleibt immer ein Teil eines Geheimnisses, das wir mit niemandem teilen und das unsere tristen Tage wärmt. Nur eines sollte man nie: Seine Sehnsucht unterdrücken, denn sie findet immer einen Weg, uns einzuholen. Dann nämlich, wenn wir es am wenigsten vermuten.

Ein Finne namens Samu

Ich habe einen Schwarm. Wikipedia erklärt das Phänomen der Schwärmerei als »Übertragung auf Personen, im Sinne von jemanden ›schwärmerisch verehren‹. Hieraus leitet sich auch die heutige Nebenbedeutung von Schwarm als ›Liebhaberei‹ oder ›Geliebte(r)‹ ab. Schwärmerei wird auch als eine weniger intensive Form der Verliebtheit bezeichnet.«

Ich bin also Fan eines einundvierzigjährigen, ein Meter dreiundneunzig großen, blonden Finnen. Er ist schlagfertig, ziemlich frech und hat eine berührende Art, seine Gefühle zu zeigen, die, neben seinem durchaus ansehnlichen Äußeren, auch auf ein schönes Inneres hinweisen. Samu Haber von der Band Sunrise Avenue hat in der letzten Staffel von »The Voice of Germany« als Coach einmal mehr bewiesen, wie wunderbar sich Humor, Herz und Sex-Appeal ergänzen können. Ob sich mein Mann an meiner heimlichen Leidenschaft stört? Nicht die Bohne! Im Gegenteil: Er hat mir kürzlich verraten, für welche weiblichen Stars er schwärmt, und ich kann Ihnen versichern, keine von ihnen hat nur die geringste Ähnlichkeit mit mir. Es sind langhaarige, geheimnisvolle »Femmes fatales«, die, so mein Mann, »einen Mann ins Verderben stürzen lassen«. Gerettet hat ihn, dass er ebenfalls die wunderbare Schauspielerin Jean Seberg erwähnt hat, der ich offenbar ein bisschen gleiche – jedenfalls, wenn er vergessen hat, seine Brille aufzusetzen.

Kann eine Schwärmerei, virtuell oder in Realität, eigentlich eine Gefahr für eine Beziehung sein? Nein, sagt zumindest eine amerikanische Studie. Laut Forschern der Columbia University in

New York und der University of Kentucky in Lexington kann es einer Partnerschaft sogar guttun, wenn eine dritte Person involviert ist. Solange es sich um eine virtuelle Schwärmerei oder einen harmlosen Flirt handelt. Und selbst wenn wir uns täglich auf unser »zufälliges« Treffen mit dem Nachbarn oder auf die Sitzung mit der Bürokollegin freuen – dies ist noch lange kein Grund, an der eigenen Treue oder jener der Partnerin zu zweifeln.

Vor allem in langjährigen Partnerschaften scheint es sinnvoller, diese Gefühle zuzulassen, als sie zu unterdrücken und dann »aus heiterem Himmel« aus einer »beengenden« Beziehung ausbrechen zu müssen. Schade, dass wir heute oft keine Zeit oder Lust für solche »romantischen Anwandlungen« haben. Aber wo liegen die Grenzen bei diesem Vergnügen? Wie viel Flirt oder Kopfkino ist in einer Beziehung erlaubt? Wo sind die Grenzen, damit man seinen Partner nicht verletzt? Ich glaube, das muss jedes Paar selber entscheiden. Und nicht jede Schwärmerei muss auch »gebeichtet« werden. Denn wer geht schon mit Scheuklappen durchs Leben? Eben.

Fifty Shades of Grey

Keine Angst: Dies ist keine Besprechung des Hollywood-Blockbusters, sondern eine Liebeserklärung an eine Farbe. Grau impliziert in unserer Gesellschaft Langeweile, Fantasie- und Trostlosigkeit: Dinge, die wir am liebsten ausblenden. Mögen die Tage für andere grau sein, unser Leben soll bitte in den schönsten Farben erstrahlen! Bunt soll es sein, aufregend und abwechslungsreich, ohne Grauschleier. Das leuchtende Rot verheißt Lebenslust und Liebe, das satte Grün Wohlbefinden und Gesundheit, das tiefe Blau Unendlichkeit und Geborgenheit. Nicht zu vergessen die goldenen Momente des Glücks: der lichtdurchflutete Nachmittag am Strand, der goldene Ring an unserem Finger, die goldfarbenen Locken unseres Kindes.

Als junge Frau hasste ich alles, was grau war. Grau stand für mich für Feigheit, Meinungslosigkeit, das Untergehen in der gesichtslosen Masse. Es gab nur Schwarz und Weiß, Gut und Böse, Recht und Unrecht. Differenziertheit war ein Zeichen von Schwäche. Natürlich stand ich immer auf der richtigen Seite – auf jener der Schwachen und Unterdrückten. Eine durchaus ehrenvolle Einstellung, aber im Laufe meines Lebens wurden mein Idealismus und meine Rechthaberei oft durch das Schicksal in ein anderes Licht gerückt, und ich begann, auch die Schattierungen zu betrachten. Ich entdeckte, dass auch graue Momente eine eigene Schönheit besitzen und alles andere als langweilig sind: Sie fordern mich dazu heraus, mich mit mir selber zu beschäftigen. Natürlich haben Extreme eine stärkere Faszination – das Leben ist einfacher, wenn man sich und sein Umfeld einer Seite zuordnen kann. Doch meist ist die

Sache komplizierter, denn das Gute existiert nicht ohne das Böse. Das Lichte nicht ohne das Dunkle. Freude nicht ohne Schmerz.

Inzwischen gehören die grauen Töne zu meinem Leben. Das dunkle Grau der Melancholie genauso wie das zarte Grau des Morgennebels. Manchmal verirre ich mich auch im Grau, es drückt auf mein Gemüt, und ich habe Mühe, meinen Weg zu finden. Aber ich weiß, es dauert nicht lange, und ich kann mich wieder an den bunten Farben freuen. Denn ohne die grauen Phasen wüsste ich Letztere viel weniger zu schätzen. Nur eine graue Tatsache mochte ich nie: die feinen, grauen Strähnen, die mein Haar zunehmend durchziehen. Doch mittlerweile habe ich mich auch an sie gewöhnt, und ich finde, mein Blond strahlt noch schöner, wenn zwischendurch etwas Grau aufblitzt.

Verletzlichkeit macht stark

Was sind wir doch für eine seltsame Gesellschaft! So unterschiedlich die Individuen, so stark der gemeinsame Wunsch, möglichst unangreifbar und perfekt zu sein. Sei dies im Beruf, in der Liebe oder im privaten Umfeld. Dieser Wahn äußert sich darin, dass viele täglich ein schon fast rituelles Programm abspulen, das ihnen vermeintliche Sicherheit geben soll: Der Schrittzähler misst, ob wir unser sportliches Ziel erreicht haben, die Kalorientabelle verrät, ob wir nicht über die Stränge geschlagen haben, die App zeigt an, wie tief und gut unser Schlaf gewesen ist, und aus den Zügen unseres Liebhabers versuchen wir abzulesen, wie gut er den Sex gefunden hat.

Hinter alldem steckt nicht der Grund, dass wir eine Sache möglichst gut machen wollen, weil es uns oder andere freuen würde. Nein, wir hoffen, unserer Umgebung möglichst wenig Angriffsfläche zu bieten und so vor allfälligen Vorwürfen, Schicksalsschlägen und Verletzungen jeglicher Art geschützt zu sein. In einem fast kindlichen Glauben sind wir davon überzeugt, dass wir, wenn wir nur alles perfekt machen, auf der sicheren Seite des Lebens sind.

Werden brave Kinder nicht mehr geliebt als unangepasste? Schönheit schützt doch vor Abweisungen. Der fleißige und ehrliche »Chrampfer« ist vor Mobbing gefeit. Ein penibel gesundes Leben führt dazu, dass wir hundert Jahre alt werden. Und überhaupt, schlimme Dinge passieren nur den anderen. Was für ein Irrglaube! Wir alle sind verletzliche Wesen und müssen uns schützen. Körperlich wie seelisch. Aber das schaffen wir nicht, indem wir anderen eine möglichst perfekte Oberfläche präsentieren. Wer anderen auch einmal seine Schwächen präsentiert, verlässt zwar seine Komfortzone und, ja, er begibt sich in Gefahr, verletzt zu werden. Doch ohne diesen Schritt ins Ungewisse entwickeln wir uns nicht weiter, weil jede Weiterentwicklung eben zuerst auf einer gewissen Unsicherheit beruht.

Wenn wir uns verlieben, dann haben wir keine Gewissheit, dass es der andere auch tut. Manchmal öffnen wir unser Herz und werden massiv verletzt. Doch das hindert uns meistens nicht daran, uns wieder auf andere Menschen einzulassen. Zum Glück! Und hätten viele Kreative nicht den Schmerz in ihr Leben gelassen, würde es ihre große Kunst nicht geben. Abgeklärt, cool oder gar zynisch zu sein, schützt vielleicht auf den ersten Blick, aber eigentlich verpassen wir so das wahre Leben, das leider alles andere als gerecht ist. Um sich zu öffnen, braucht es innere Stärke, Selbstbewusstsein und das Vertrauen in sein Umfeld. Natürlich ist es einfacher, dies in einer vertrauten Umgebung zu machen. Aber manchmal wünsche ich mir, ich würde auch außerhalb dieses geschützten Rahmens weniger Coolness und mehr Echtheit erleben.

Rate Your Date!

Ist Ihnen auch schon aufgefallen, dass wir im Alltag immer öfter dazu aufgefordert werden, Dienstleistungen zu bewerten? Und so beurteile ich die super Qualität der Produkte meines Lieblingsconfiseurs noch so gern, indem ich beim Verlassen des Ladens auf einen Knopf mit einem grünen Smiley drücke. Und die Quittung mit einem aufgedruckten Scan, die ich am Postschalter bekomme, nehme ich ebenfalls dankend entgegen. Zu Hause kann ich dann auch diesen Service beurteilen.

Zufall oder Schicksal? Seltsamerweise werde ich immer nur dann nach meiner Meinung gefragt, wenn ich zufrieden bin. Wenn ich mich wirklich nerve – so wie letzte Woche, als ich in einer edlen Hotel-Lounge zu Mittag aß –, werde ich natürlich nicht nach meiner Meinung gefragt. Während der zwei Stunden, die ich dort verbracht hatte, musste ich dreimal nach der Speisekarte fragen. Zweimal wurden falsche Getränke gebracht, eine der bestellten Vorspeisen wurde vergessen. Und auf die gesalzene Rechnung wartete ich über zwanzig Minuten. Dass sich mein Ärger äußerlich in Grenzen hielt, hatte damit zu tun, dass ich meinen Gast, einen einundneunzigjährigen Herrn, nicht aufregen wollte. Und dass das blutjunge Service-Personal sichtlich überfordert schien. Und ich darum fast so etwas wie Mitleid verspürte.

Weniger Mitleid verspürte die Britin Kimberley Latham-Hawkesford, die nach einem Rendez-vous ihr blaues Wunder erlebte. Drei Monate nach einem Tinder-Date mit Luke James gab ihr dieser seine Bewertung ab, indem er der Vierundzwanzigjährigen fünfzehn Verbesserungsvorschläge schickte. Diese Liste postete sie auf ihrer Facebook-Seite und bekam dafür über dreizehntausend Kommentare.

Kimberley erzählte später dem Online-Portal »Ladbible«, dass ihr Date am Anfang normal verlaufen sei. Dann aber habe Luke ihr nicht nur Shopping-Tipps gegeben, sondern sie auch gefragt, ob sie eine Schönheits-OP in Betracht ziehen würde. Als Kimberley am Ende des Abends auch noch Lukes Anteil am Dinner zahlen sollte – schließlich hatte er ihr zuvor seinen negativen Kontostand auf dem Handy gezeigt –, war ihr klar: Diesen Typen wollte sie nie mehr wiedersehen! Nach drei Monaten meldete sich Luke über Kimberleys Snapchat-Konto und erklärte ihr, warum er sich nicht mehr gemeldet hatte. Beigefügt hatte er die fünfzehn »Verbesserungsvorschläge«. Wenn Kimberley diese befolgen würde, wäre er »für ein zweites Date zu haben«. Dafür müsste Kimberley allerdings abnehmen, »so um die sechs Kilo«. Ihre Haare müssten gefärbt und mit Extensions aufgepeppt werden, und ihre zu dünnen Lippen sollte sie sich (mit Hyaluron) nachspritzen lassen.

Aber nicht nur, was Kimberleys Äußeres betraf, zeigte sich Luke »gönnerhaft«, auch ihre Persönlichkeit würde ein Upgrade verdienen. Luke kritisierte beispielsweise, dass ihm sein Ex-Date kein einziges Kompliment gemacht und ihn auch nicht geküsst habe. Dies habe sein »Ego hart getroffen«. So wie die Tatsache, dass seine Verabredung »über keinen seiner Witze gelacht« habe. Falls es Kimberley allerdings schaffen würde, innerhalb eines Monats seine Vorschläge erfolgreich umzusetzen, hätte sie noch Chancen bei ihm. Zum guten Glück konnte diese, nach einem anfänglichen Schock, über die ganze Sache lachen.

Merke: Es macht durchaus Sinn, Lob oder Kritik direkt mündlich abzugeben. Hätte Kimberley am Ende des Abends ihre Meinung klar geäußert, hätte Luke keinen zweiten Versuch gewagt. Denn klare Worte versteht auch ein Idiot.

Der nüchterne Blick

Kürzlich war ich an einen Apéro eingeladen. Was wäre ein solcher Anlass ohne das eine oder andere Gläschen Prosecco oder Champagner zum Warmlaufen? Das Kennenlernen fällt danach leichter, der Small Talk wird geschmeidiger, und selbst das unbedarfte Scherzchen eines unsympathischen Zeitgenossen wird plötzlich amüsant. Ich kenne diese leise Euphorie gut, wenn die Stimmung steigt und es im Bauch zu kribbeln beginnt. Fast so, als wäre man ein bisschen verliebt. Und das Beste: Allfällige Bedenken wie »Wird jemand mit mir reden?«, »Bin ich cool genug angezogen?« oder »Hoffentlich wird der Abend nicht langweilig!« verschwinden wie von Zauberhand. »Alkohol ist dein Retter in der Not«, das wusste schon Herbert Grönemeyer.

Ich habe nie viel getrunken, weil ich zu jenen Frauen gehöre, die schnell beschwipst sind. Und ich mag diesen Zustand nicht. Aber ich trank genauso wie meine Freundinnen aus Geselligkeit und eben manchmal auch aus Unsicherheit. Vor ein paar Jahren entwickelte ich nach dem Genuss von Wein plötzlich einen nervenden Husten. Die Beschwerden wurden mit der Zeit immer stärker. Oft genügte nur ein Schluck eines alkoholischen Getränkes, und ich bekam einen Asthmaanfall. Nach einer ausführlichen Untersuchung im Unispital war dann klar: Ich reagierte auf einen Stoff allergisch, der bei der Gärung von Wein entsteht und der auch in anderen alkoholischen Getränken enthalten ist. Es gab für mich nur zwei Möglichkeiten: vor dem Genuss von Alkohol Medikamente nehmen oder abstinent werden. Ich entschied mich für das Zweite.

Auf Alkohol zu verzichten, fiel mir nicht wirklich schwer. Viel schwieriger war es, wie gewisse Leute in meinem Umfeld reagierten: Ungläubig, herausfordernd oder latent aggressiv waren die Kommentare, die ich regelmäßig zu hören bekam. Heute wird bei einer Einladung auf jede Extrawurst eingegangen. Die Gastgeber kochen vegan, gluten- oder zuckerfrei, aber wehe, man trinkt nicht mit, dann wird man sehr schnell in die Spaßbremsen-Ecke gestellt. Und die eigene Beliebtheit sinkt wie ein Gummiboot ohne Stöpsel. Manchmal vermisse ich das gute Glas Wein zum feinen Essen durchaus. Den bunten Cocktail, der die Vorfreude auf einen schönen Abend weckt. Oder den Absacker nach einem fröhlichen Abend. Am unangenehmsten aber ist das schale Gefühl, wenn alle immer aufgeräumter werden, während man seine Umgebung überscharf wie durch ein Vergrößerungsglas sieht.

Manchmal greife ich auch nach dem angebotenen Aperitif, nur damit ich keine Rechenschaft abgeben muss, warum ich nicht trinke. So kann ich auch den fragenden Blicken ausweichen: »Bist du eine trockene Alkoholikerin?«, »Detoxt du schon wieder?« oder auch: »Aber sonst bist du normal?«.

Dafür ist mein Asthma verschwunden. Kein Kater plagt mich mehr nach einer kurzen Nacht. Und ich bleibe auch nicht mehr stundenlang an Anlässen »hängen«, die mich eigentlich gar nicht interessieren. Das ist doch kein schlechter Tausch, oder?

Blick hinter die Fassade

Auf die alltägliche Frage »Wie gehts?« antworten die meisten von uns automatisch: »Danke, gut, und selber?« Vor allem der zweite Teil kommt leicht über unsere Lippen. Denn wenn wir die Frage nach dem eigenen Wohlergehen ehrlich beantworten würden, müssten wir ja Farbe bekennen. Und wer will das schon? Ist doch der Blick hinter die eigene Fassade höchstens unserem engsten Kreis vorbehalten. Meistens antwortet unser Gegenüber dann stereotyp: »Danke, auch gut.« Damit wäre die wohl überflüssigste Konversation der Welt beendet.

Warum sind wir bei solchen Gelegenheiten nicht ehrlicher? Wir müssten ja nicht ins Detail gehen. Es ist klar, dass Themen wie die Demenz der Mutter, die Existenzängste, weil der Mann arbeitslos geworden ist, die wiederkehrenden Depressionen oder die Sorgen um den pubertierenden Sohn nicht Small-Talk-tauglich sind. Aber es würde ja genügen, ein bisschen differenzierter zu antworten: »Danke der Nachfrage, es könnte besser sein.« So überlassen wir es dem Fragenden, ob er nachhaken will oder nicht.

Aber hier liegt die Krux: Variieren wir die übliche Aussage nur ein bisschen, könnte das Gegenüber hellhörig werden und sich genötigt fühlen, nachzufragen. Und das könnte peinlich werden. So ist es mir jedenfalls vor ein paar Wochen ergangen, als ich zufällig einen ehemaligen Arbeitskollegen traf. Auf meine Begrüßung »Und, wie gehts?« antwortete dieser etwas stockend: »Na ja, es geht so.« Ich ahnte: Wenn ich jetzt nachfragen würde, könnte dies zu einer längeren Unterhaltung werden, für die ich, ehrlich gesagt, weder Lust noch Zeit hatte. Es war einer meiner wenigen freien Tage, ich wollte die Sonne genießen und später vielleicht noch einen Aperitif trinken.

Darum antwortete ich schnell: »Oh, das tut mir leid, aber ich muss weiter.« Wir schüttelten uns kurz die Hand und gingen in entgegengesetzte Richtungen davon. Nach einigen Schritten hielt ich instinktiv inne. Ich weiß nicht, warum, aber ich drehte mich um und lief zu meinem Exkollegen zurück. Dieser zeigte sich erstaunt, aber auch erfreut. »Komm, lass uns ein paar Schritte zusammen gehen«, sagte ich zu ihm. Und so kam es, dass wir nach einem Spaziergang beim gemeinsamen Apéro saßen. Nein, er erzählte mir keine dramatische Geschichte – ich hatte also keine hellseherischen Fähigkeiten bewiesen, als ich zu ihm zurückging –, sondern ein paar alltägliche Kümmernisse und Sorgen. Und das Treffen war auch keine Einbahnstraße: Auch ich hatte einiges zu erzählen. So wurde es zu einem angenehmen Austausch zwischen zwei Kollegen, der auch mir guttat.

Es ist jetzt auch nicht so, dass ich seit diesem Treffen mein Verhalten verändert hätte. Mir fehlt im Alltag dafür schlichtweg die Zeit. Ich antworte auch weiterhin auf die Floskel »Wie gehts?« meistens mit »Gut, danke«. Und bin auch nicht unglücklich, wenn mein Gegenüber nicht von mir erwartet, dass ich mit ihm Seelenhygiene betreibe. Aber ich bin aufmerksamer geworden. Und wenn ich spüre, dass etwas mit einem Menschen nicht stimmt, frage ich öfter mit ehrlichem Interesse nach. Und, was noch schwieriger ist: Auch ich bin hin und wieder bereit, dem anderen einen Blick hinter meine Alltagsfassade zu gewähren. Selbst auf die Gefahr hin, dass sie auf einmal ein paar Sprünge bekommt.

Geliebte Langeweile

In den letzten Wochen ging es liebesmäßig in meinem Freundeskreis ziemlich hoch zu und her. Es wurde gemotzt, gestritten und getrennt. Im Gegensatz dazu flatterten bei einigen die Schmetterlinge im Bauch ziemlich heftig. Wenn man, so wie ich, in einer langjährigen Beziehung ist, sitzt man quasi im Zuschauerraum, während auf der großen Leinwand andere die bedeutsamen Gefühle zelebrieren. Einerseits bin ich in solchen Fällen ziemlich froh um eine gewisse Distanz, denn ich weiß natürlich auch, wie anstrengend solche zwischenmenschlichen »ups and downs« sein können. Andererseits würde es mir durchaus gefallen, wieder mal ein paar dieser »Flatterer« zu spüren. Trotzdem bin ich überzeugt, mit meinem Mann das große Los gezogen zu haben.

Natürlich könnte ich ihn immer wieder mal in die Wüste schicken. Nein, nicht in die Wüste, das ist mir doch zu weit entfernt. Aber er nervt mich einfach, wenn er mir unbedingt den Unterschied zwischen einem Hubkolben- und einem Wankelmotor erklären will. Oder wenn ich ihm etwas ganz Wichtiges erzähle und er dazu nur abwesend nickt (»Göschenen–Airolo-Syndrom«). Oder wenn er stundenlang seine Americana-Lieblingsmusik hört und dazu in seine tiefschwarzen Krimis abtaucht, während ich alltägliche Banalitäten mit ihm besprechen möchte, etwa die Frage, ob es nicht an der Zeit wäre, unserem Hund Louis wieder mal einen Haarschnitt zu verpassen. Aber ehrlich gesagt, viel mehr fällt mir auch nicht ein, wenn es darum geht, Dinge aufzuzählen, die mich an ihm nerven. Auch ist er nicht geizig mit Komplimenten. Oder kennen Sie einen Mann, der stolz erzählt, dass seine Liebste absolut »top« sei, wenn es darum geht, das Auto seitwärts in die kleinste Lücke zu parkieren? Oder immer findet, ich sei eine »coole« Frau, obwohl er mich in den letzten zweiundzwanzig Jahren mit allen möglichen seelischen Einbrüchen, von Panikattacken bis hin zu Verlustängsten, erlebt hat.

Ich bin überzeugt, dass Toleranz, Respekt und Vertrauen die Grundlage einer guten Beziehung sind. Das ist in der Liebe nicht anders als in einer Freundschaft. Natürlich wird die Liebesbeziehung noch mit ein paar aufregenden Zugaben gewürzt, aber auch die größte Verliebtheit schwindet leider mit der Zeit. Darum bin ich froh, dass mein Mann auch mein Freund ist – und zwar mein bester.

Sie finden es ein bisschen langweilig, wenn man am liebsten mit diesem speziellen Menschen zusammen ist – und zwar jeden Tag und jede Nacht? Wenn man über die gleichen Dinge lachen kann? Wenn er einem fehlt, selbst wenn er nur für ein paar Tage nicht zu Hause ist? Wenn man sich freut, ihn zu sehen, wenn die Tür aufgeht – selbst wenn die eigene Freude nicht so augenfällig ist wie jene der zwei Hunde? Und, wohl das Wichtigste: Wenn man sich ein Leben ohne ihn nicht vorstellen möchte? Bitte, dann bin ich gern gelangweilt. So richtig glücklich gelangweilt, wenn Sie wissen, was ich meine.

Späte Liebe

Neben meiner journalistischen Arbeit bin ich auch Buchautorin. Auf Lesereisen erfahre ich immer wieder spannende Lebensgeschichten. Diese inspirieren mich auf vielfältige Art und Weise.

Seit einiger Zeit beschäftige ich mich mit dem Thema Älterwerden. Das ich übrigens lange von mir weggeschoben habe; als aktive, interessierte und neugierige Zeitgenossin, die zudem mit guten Genen ausgestattet ist, konnte ich dies ziemlich lange ziemlich gut. »Alt werden nur die anderen«, war mein Motto. Bis ich fünfzig Jahre alt wurde. Doch mit dem schlagartigen Beginn meiner Wechseljahre, die mit Schlafstörungen und Hitzewallungen Einzug hielten, gehörte ich auch zu »den anderen«. Genauer gesagt: Ich befand mich im Niemandsland zwischen nicht mehr jung und noch nicht alt. Und in diesem Land fühlte ich mich nicht wirklich wohl, denn ich bemerkte plötzlich überall Veränderungen, die mir Mühe bereiteten. Und dies nicht nur bei mir, sondern auch in meinem Umfeld.

War es denn meinem Mann nicht bewusst, dass er mir bereits zum dritten Mal die gleiche Geschichte aus seiner Vergangenheit erzählte? Seit wann hatte meine Freundin diese seltsame, tiefe Falte quer über ihre Stirn? Und seit wann wurde mein lieber Hund Louis, mit zehn Jahren bereits ein Senior, so schnell müde beim Spielen? Gerade war er doch noch ein junger, wilder Spund gewesen!

Kurz: Überall, wo ich hinsah, bemerkte ich einen Abbau von Energie, Kraft und Schönheit. Und diese Vergänglichkeit zu sehen und zu erleben, machte mich traurig.

In dieser Zeit wurde ich allerdings auch Zeugin einer schönen Geschichte. Meine ältere Schwester war mit zweiundsechzig Jahren Witwe geworden. Sie hatte ihren Mann, der einige Jahre älter war als sie, neben ihrer Arbeit über Jahre gepflegt. Fast gleichzeitig wurde ein Nachbar, der im Haus nebenan wohnte, ebenfalls Witwer. Nach dem Tod ihres Mannes war sich meine Schwester hundertprozentig sicher, dass sie allein bleiben würde. Und bei allem Schmerz über den Verlust ihres Mannes, freute sie sich auch auf neue Freiheiten.

Doch das Schicksal wollte es anders. Sie verliebte sich Hals über Kopf in ihren gleichaltrigen Nachbarn, und die Liebe wurde erwidert, obwohl beide vorher »nie im Traum« daran gedacht hatten, dass da mehr als Freundschaft sein könnte. »Diese Beziehung ist ein Wunder«, sagt meine Schwester, die sich sehr bewusst ist, wie glücklich sie sich schätzen kann. Wenn ich sehe, mit welcher Zärtlichkeit sich die beiden heute, nach drei Jahren Beziehung, anlächeln und mit welcher Inbrunst sie sich auch manchmal streiten, weiß ich: Gefühle haben kein Verfallsdatum, und Neuanfänge sind in jedem Lebensabschnitt möglich.

Warum verzeihen guttut

Ich hatte eine gute Freundin. Mit Betonung auf »hatte«. Wir kannten uns fast das ganze Leben lang, als unsere Freundschaft vor ein paar Jahren in die Brüche ging. Es war nichts Weltbewegendes passiert, aber meine Freundin, nennen wir sie Rosi, hatte mich enttäuscht. Wobei »enttäuscht« untertrieben ist. Ich fühlte mich hintergangen, hatte ich doch erfahren, dass sie hinter meinem Rücken schlecht über mich redete. Das konnte ich nicht hinnehmen, weil für mich die Loyalität in einer Beziehung etwas vom Wichtigsten ist. Ich beendete also unsere Freundschaft und ließ in der Folge ihre Anrufe und Mails unbeantwortet. Genauso wie ihre Bitte nach einer Aussprache. Ich wusste ja von zwei Seiten, was sie über mich gesagt hatte. Das genügte mir und meinem verletzten Ego.

Die Trennung war schwierig. Wie oft dachte ich: »Oh, das möchte ich grad Rosi erzählen!« Manchmal hatte ich schon das Handy in der Hand, um sie anzurufen, aber mein Stolz ließ es nicht zu. Mit jedem Jahr, das verging, fehlte mir Rosi mehr. Und der Wunsch, sie wiederzusehen, wuchs. War es die mit den Jahren wachsende Reife? Das Verständnis für das Leben, das einen milder stimmt? Jedenfalls wächst der Wunsch, zu verzeihen, mit zunehmendem Alter. Vielleicht ist es die Tatsache, dass wir die Endlichkeit spüren, dass wir keinen seelischen Ballast mehr mit uns herumtragen wollen. Oder dass wir so viele Verluste erlebt haben, dass wir keinen weiteren hinnehmen wollen. Und dass wir akzeptieren müssen, dass nicht nur andere Fehler machen, sondern auch wir.

Dann, eines Tages, spürte ich: Ich hatte ihr vergeben. Das war keine plötzliche Erkenntnis, ich spürte einfach, dass das schale

Gefühl des Beleidigtseins der Hoffnung gewichen war, dass wir wieder Freundinnen sein könnten. Ich schrieb ihr eine Mail und fragte sie, ob wir uns treffen wollten. Die Antwort kam umgehend: »Noch so gern!«

Wir trafen uns in einem Café, das wir von früher kannten. Ich war aufgeregt wie vor einem Date. Wir hatten uns fünf Jahre nicht gesehen. Als ich den Zucker in den Kaffee rührte, zitterten meine Hände. Die Ungewissheit, wie das Treffen verlaufen würde, zehrte an meinen Nerven. Rosi kam. Als sie sich mir gegenübersetzte und mich mit ihren grün-braunen Augen anschaute, schien mir, wir hätten uns erst gestern gesehen. Die alte Vertrautheit, der Gradmesser für eine gute Beziehung, war sofort wieder da. Rosi nahm meine Hand in ihre und flüsterte: »Verzeih mir!« Ich schüttelte nur den Kopf: »Das ist nicht nötig.« Mein Groll war schon lange einer Leichtigkeit und einer Freude auf das Neue gewichen, das uns verbinden würde.

Das stille Glück

Wissen Sie, welches die schönste Zeit des Tages für mich ist? Nichts macht mich glücklicher, als wenn ich mich nach einem anstrengenden Tag ins Bett einkuschle und dem Atmen/Schnaufen/Schnarchen meines Mannes und meiner beiden Hunde zuhöre. Bei mir als Nachteule wirds immer etwas später, denn zurzeit schreibe ich an einem neuen Buch. In diesen ruhigen Stunden vor dem Schlafengehen bin ich am kreativsten. Und wenn ich dann, bis zur Nasenspitze zugedeckt, in meiner fein riechenden Bettwäsche liege, fangen meine Wohlfühlmomente an. Ich lasse den Tag Revue passieren, mache ein paar Entspannungsübungen und bin einfach nur dankbar, dass der Tag ohne große Sorgen, Schmerzen oder Schwierigkeiten vergangen ist.

Hätte man mir mit fünfundzwanzig gesagt, dass das Glück für mich darin liegt, dass alle Menschen, die ich liebe, einigermaßen gesund und guten Mutes sind und dass das weiche Bett ein solch großer Genuss ist, dann hätte ich leicht mitleidig gelacht. Glück war für mich immer etwas ganz Großes, das in meinen Vorstellungen Stürme der Begeisterung auslösen und mir den Atem nehmen würde. Die einzigartige Liebe, die verzehrende Leidenschaft, die abenteuerliche Reise, der ultimative Job. Ein Leben wie auf der Kino-Großleinwand, ein Hollywood-Movie in den buntesten Farben mit tollem Sound und natürlich mit mir in der Hauptrolle. Gewohnheiten, Rituale oder gar Langeweile – nein danke! Meine Tage und Nächte sollten ein einziges gefühlstrunkenes Fest sein!

Was dann passierte, kennen wir wohl alle. Das Leben nahm auf die eigenen Wünsche nicht immer Rücksicht. Auch auf meine nicht. Unter dem Strich hielten sich die glücklichen Tage mit den schwierigen die Waage. Auf Höhepunkte folgten Tiefschläge. Große Erwartungen wurden manchmal eingelöst oder gar übertroffen, andere endeten allerdings in Verzweiflung. Zum Glück neige ich eher zum Optimistischen als zum Depressiven, und so rappelte ich mich nach manchem Tiefschlag wieder auf. Und ich habe nie aufgehört zu träumen. Die Kinoleinwand ist etwas geschrumpft, die Farben sind etwas blasser, der Sound etwas leiser geworden. Doch das Gefühl, dass noch viel Schönes, Spannendes und Abenteuerliches passieren wird, habe ich nie verloren. Auch wenn ich heute weiß, dass alles im Leben seinen Preis hat. Doch ich habe schätzen gelernt, dass auch das Stille, die Muße und das Ausbleiben von Schicksalsschlägen Glück ist. Ein stilles Glück, das ich immer wieder zur späten Stunde erleben darf.

Was für ein Hundeleben (1)

Gerade als ich mich wieder aufgerappelt hatte, zeigte mir das Schicksal erneut den Stinkefinger. So, als wollte es nochmals prüfen, wie hoch meine Schmerzgrenze ist. Als ob die schmerzlichen Verluste meiner Freundin und meiner Schwiegermutter nicht schon hart genug gewesen wären. Dieses Mal betraf es allerdings nicht mein menschliches Umfeld, sondern meine beiden Hunde: Louis und Millie hatten nach einer Untersuchung bei der Tierärztin in der gleichen Woche eine beängstigende Diagnose bekommen. Bei Louis wurde nach der Punktion eines Knotens unter der Hautoberfläche ein bösartiger Tumor vermutet. Und Millie litt unter einer Wunde an der Hornhaut ihres linken Auges, die trotz Augentropfen und Salben einfach nicht heilen wollte.

Ich würde jetzt gern lobhudelnd schreiben: Ich war wie immer allzeit bereit, auch diese Herausforderungen anzunehmen. Aber das wäre glatt gelogen. Genau das Gegenteil war der Fall: In diesen Momenten hatte ich einfach keinen Mumm mehr. Darum »gönnte« ich mir also ein paar Stunden Selbstmitleid. Manchmal muss ich mich einfach dem Gefühl hingeben, dass ich das ärmste Schwein bin – um in der Tierwelt zu bleiben. Um danach neuen Mut zu fassen und weiterzumachen. Denn egal, ob Mensch oder Tier: Für alle, die man liebt, gilt es zu kämpfen. Mit, um und für sie.

Louis wurde operiert. Die ersten vierundzwanzig Stunden nach der OP setzten ihm zu. Als zwölfjähriger Senior ist man halt kein junger Hüpfer mehr. Da man seine ziemlich lange, frisch genähte Wunde nicht mit einem Pflaster abdecken konnte, riet mir die Tierärztin, Boxershorts zu deren Schutz zu kaufen. Und so erstand ich zum ersten Mal in meinem Leben eine Männerunterhose in Größe XL. Da Louis figürlich eher in Richtung Boxer als Windhund geht, war sie ihm leider zu eng. Als ich das Ding vorsichtig über sein Hinterteil in Richtung Taille zog, blieb es bereits auf Hüfthöhe hängen. Wir beide hätten ein gutes Foto abgegeben. Louis unter dem Einfluss seiner Schmerzmittel stand stoisch und ziemlich belämmert da, während ich im Schweiße meines Angesichts versuchte, ihm die Boxershorts anzuziehen. Eine neue Erfahrung für uns beide. Meine Freundin Adriana rettete mich, indem sie zwei Shorts in einer geschätzten Größe 4XL zusammennähte. Dass auf dem elastischen Bund »Ralph Lauren« und »Hugo Boss« eingestickt war, schien Louis nicht zu stören.

Jetzt galt es, eine Woche auf den Laborbefund zum entfernten Tumor zu warten. Trotz der schlechten Diagnose hatte ich ein gutes Gefühl. Und der nächste Termin stand auch bereits fest: die Untersuchung des verletzten Auges von Millie durch einen Spezialisten. Mein Auto hatte sich in letzter Zeit zu einem Krankenmobil entwickelt. Kaum hatte ich Louis nach seiner Operation abgeholt, fuhr ich mit der nächsten Patientin in Richtung Tierspital. Um die allgemeine Laune etwas zu verbessern, scherzte ich mit ihr: »Wenn du Glück hast, bekommst du nachher eine Augenklappe wie Mosche Dajan« (der legendäre israelische General und Augen-, ähm, Außenminister).

Millie war, wie oft, not amused.

Was für ein Hundeleben (2)

Der Frühling meinte, er sei der Sommer. Auf dem Parkplatz des Tierspitals wartete mindestens ein Dutzend Autos. Wegen Corona wurden die vierbeinigen Patienten und ihre Besitzer vom Pflegepersonal bereits vor der Klinik in Empfang genommen. Ich hatte Glück: Kaum angekommen, wurde meine Hündin Millie für die Untersuchung ihres verletzten Auges abgeholt.

Eine halbe Stunde danach hatte ich durch das geöffnete Autodach genügend Vitamin D getankt. Erfreut und überrascht hatte ich festgestellt, dass mein Mini, den ich bereits seit einem Dreivierteljahr besitze, über den kleinen Luxus eines Schiebedachs verfügt. Ich beschloss, mir die Füße zu vertreten. Auf einer Bank vor der Klinik saß eine ältere Dame mit einem überdimensionalen Katzenkorb neben sich. Ihr grimmiger Blick, mit dem sie eine Ärztin musterte, die ihr etwas zu erklären schien, hatte große Ähnlichkeit mit jenem ihres dicken Katers, der durch das Gitter des Korbes schielte. »Ich lasse meinen Karli sicher nicht einschläfern!«, sagte die Katermutter entsetzt. Erst als sie aufgeklärt wurde, dass es sich nur um eine Kurznarkose handelte, schien sie einigermaßen beruhigt.

Am schönsten war es allerdings, die Wiedersehensfreude von Hunden und ihren Besitzern zu beobachten. Man hätte meinen können, die Trennung wäre wochenlang gewesen. Und manches Augenwasser, an dem natürlich die Pollen in der Luft schuld waren, wurde mit einem Taschentuch getrocknet.

In einem VW-Käfer nutzte ein junges Paar augenscheinlich die Wartezeit für intensiven Körperkontakt. Die beiden Kampfknutscher schreckten erst auf, als eine Ärztin, die sichtlich belustigt war, resolut ans geschlossene Autofenster klopfte. Ob es an der Wärme oder an ihrer Verlegenheit lag: Die junge Frau nahm ihren Dackel jedenfalls mit hochrotem Kopf in Empfang.

Kurze Zeit später brachte mir der nette Arzt endlich Millie zurück. Mit starkem französischem Akzent erklärte er mir, an welcher Augenerkrankung sie litt und wie man diese behandeln konnte. Was die medizinischen Details betraf, verstand ich nicht die Hälfte. Aber die Hauptsache: Millie wird nicht erblinden.

Zu Hause angekommen, erwartete mich eine weitere, tolle Nachricht der Tierärztin, die Louis operiert hatte: Der Tumor war, entgegen den Prognosen, nicht bösartig. »Da haben wir echt Schwein gehabt«, flüsterte ich ihm ins Ohr. Für einen Moment glaubte ich, ein Lächeln in seinem Gesicht wahrzunehmen. Aber das war sicher ein klarer Fall von Sinnestäuschung. Wobei es ja auch ein Wunder war, dass Louis keinen Krebs hatte. Warum sollte nicht ein zweites möglich sein?

Johnny Kontrolletti

In sogenannt normalen Zeiten stellen sich bei mir die Nackenhärchen auf, wenn ich sehe, wie gewisse Leute ihre Mitmenschen überwachen. Das fängt bei der Nachbarin an, die hinter dem Vorhang beobachtet, wann jemand das Haus verlässt und wann er wieder nach Hause kommt. Oder wenn der Möchtegernpolizist im Quartier »nette« Zettel unter die Windschutzscheibe steckt, wenn ein Auto das Parkfeld nicht punktgenau getroffen hat. Und meistens taucht, nachdem Johnny Kontrolletti seine nachmittägliche Runde gedreht hat, auch gleich eine Politesse auf.

Ich will Herrn Saubermann ja nichts unterstellen, aber das sieht für mich nicht nach Zufall aus. Natürlich wird er keine Kommission auf die verteilten Bußen bekommen. Aber es wird ihm Auszeichnung genug sein, wenn er vor dem Schlafengehen ungefähr Folgendes in sein Notizbüchlein schreiben kann: »Wieder einmal den Lümmel P. darauf hingewiesen, dass er sein Velo anständig parkieren soll. Frau B. musste ich bereits zum dritten (!) Mal erklären, dass ein Parkverbot ein Parkverbot ist, auch wenn sie nur drei Minuten braucht, um ihre Einkäufe vor die Haustür zu stellen. Wo kämen wir hin, wenn das jeder so machen würde? Anarchie pur! Und diese Frau Ae. mit ihren zwei Hunden grüßt mich zwar immer freundlich, aber ich habe sie stark im Verdacht, dass sie mich hinter meinem Rücken auslacht. Ich werde sie in Zukunft wohl etwas genauer ins Visier nehmen müssen!!!«

Allerdings musste ich erkennen, dass Corona durchaus auch meine Kontrollmechanismen aktiviert hat. Steckt etwa auch in mir ein kleiner Johnny Kontrolletti? So muss sich mein Mann jeden

Abend, wenn er aus dem Büro nach Hause kommt, die gleiche Frage anhören: »Hände gewaschen und desinfiziert?« Seine Reaktion reicht, je nach seiner Tagesform, von einem »Klar!« bis zu genervtem Augenrollen.

Wenn ich unterwegs bin, ertappe ich mich immer wieder, dass ich automatisch checke, ob sich die Menschen an die Abstandsregeln halten. Als ich kürzlich in meinem Lieblingscafé saß, spürte ich, wie sich in mir Aggression breitmachte, als ich sah, dass sich im angrenzenden Verkaufsraum fünf statt der erlaubten drei Kunden aufhielten. Als keine Verkäuferin darauf reagierte, hatte ich echt Mühe, mich zurückzuhalten und nicht einzugreifen wie Johnny Kontrolletti.

Diese neue Seite an mir zu entdecken, freut mich nicht. Und ich spüre meine Hilflosigkeit beim Wunsch, durch das Kontrollieren meines Umfelds eine gewisse Sicherheit zu bekommen. Dies in einem Alltag, der von so viel Unsicherheiten geprägt ist. Doch bleiben wir realistisch, auch wenn es wehtut: Selbst bei einem regelgerechten Verhalten gibt es keine hundertprozentige Sicherheit. Das Leben ist und bleibt lebensgefährlich.

Magische Momente

Als emotionaler Mensch habe ich eine Schwäche für Geschichten, die so vielversprechend beginnen wie diese: »Es war der Moment, in dem ich wusste: Diese Frau will ich heiraten.« Oder: »Im Augenblick der Klarheit erkannte ich, mein Leben würde nie mehr so sein wie zuvor.« Oder, etwas weniger dramatisch: »Ich wusste, dies würde mein allerletztes Glas Alkohol / meine allerletzte Zigarette sein.«

Natürlich habe auch ich einige dieser speziellen Augenblicke erlebt, in denen mir vieles schlagartig klar wurde. Und dies ohne vorheriges Grübeln und/oder logisches Abwägen. Denn das scheint ja gerade die Magie dieser speziellen Augenblicke zu sein: Sie sind nicht vernunftgesteuert.

Das erlebte ich, als ich aus unerklärlichen Gründen das Parfum meines damaligen Freundes nicht mehr riechen konnte. Meine Nase sagte mir, bevor mein Kopf begriff: Es war vorüber. Oder als ich an einem Februarmorgen vor vielen Jahren um Punkt neun Uhr meinen neuen Arbeitsort, ein Radiostudio, betrat: Ich wusste mit hundertprozentiger Sicherheit, dass ich nie mehr in meinem erlernten Beruf als Kindergärtnerin arbeiten würde. Was sich glücklicherweise auch bestätigte. Heute muss ich nur noch in gelegentlichen Albträumen eine Bande tobender Kids in Schach halten.

Die meisten Aha-Momente und die Erkenntnis, dass das Leben mit einem Wimpernschlag eine neue Richtung genommen hatte, realisierte ich allerdings erst in der Rückschau. Darum bin ich auch immer ein bisschen neidisch, wenn Menschen von ihrer Liebe auf den ersten Blick erzählen. Dieser Liebesblitz traf mich nie. Das

Aufregendste, das ich diesbezüglich über den Beginn einer Lovestory berichten kann, wäre Folgendes: »Ich spürte bereits beim ersten Kennenlernen, dass da zwischen uns etwas Besonderes war.«

Die Hoffnung auf magische Momente, die bei mir Veränderungen herbeizaubern können, betreffen heute weniger Leidenschaftliches, sondern eher Alltägliches. So warte ich schon lange vergeblich auf die Erkenntnis, die mich dazu bringen könnte, gewisse Eigenschaften zu verändern, die mich an mir nerven. Wie beispielsweise mein Hang zur »Aufschieberitis«. Nach dem berühmten Aha-Moment würde ich es plötzlich schaffen, alle lästigen Aufgaben mit links und vor allem sofort zu erledigen. Und wie würde sich die plötzliche »Erleuchtung« anfühlen, wenn mein Körper endlich checkte, dass Schokolade nichts anderes als geschmolzenes Fett und Zucker ist, und er sich plötzlich nach Rüebli sehnte? Wäre es nicht schön, plötzlich mit sich im Reinen zu sein und kein schlechtes Gewissen zu haben?

Ähm, ich glaube nicht!

Irgendwie überkommt mich gerade jetzt diese innere Gewissheit, dass es gut so ist, wie es ist. Und spare mir die Magie doch lieber für genussvolle Momente auf.

Ein Quantum Trost (1)

»Was hast du für ein Gefühl?«, werde ich oft gefragt, wenn es darum geht, eine Situation und deren Entwicklung intuitiv zu beurteilen. So zum Beispiel nach einem gemeinsamen Apéro mit einer Freundin und ihrem neuen Schwarm. Auf die Frage hin »Glaubst du, dass er in mich verliebt ist?« war es allerdings nicht nötig, meinen sechsten Sinn zu aktivieren. Denn wenn ein Typ im Spiegel vis-à-vis heimlich andere Frauen abcheckt, die im Lokal sitzen, kann es mit seiner Verliebtheit nicht so weit her sein. Doch weil ich weiß, dass man in dieser hormonvernebelten Phase für jedes Argument, das gegen den Mann sprechen könnte, ein Gegenargument hat (»Er ist halt unsicher, darum hat er doch im Spiegel einfach nur sein Aussehen kontrolliert«), ist es wohl das Beste, diplomatisch zu antworten: »Warten wir doch mal ab, wie sich das entwickelt.« In der Hoffnung, dass sie selber möglichst rasch merkt, dass sein Interesse an ihr nicht so groß ist wie ihres an ihm. Oder dass ihr klar wird, dass er zur Selbstverliebtheit neigt. So oder so: eine klassische Lose-lose-Situation.

Meine Intuition funktioniert vor allem bei anderen Menschen. Denn eigene Hoffnungen machen quasi betriebsblind: Man glaubt halt nur zu gern, was man sich wünscht. Hätte ich meine Vorahnungen ernst genommen, wäre ich im Laufe meines Lebens sicher mancher schmerzlichen Situation aus dem Weg gegangen – hätte aber so auch nicht die Möglichkeit gehabt, an solchen Erfahrungen zu wachsen.

Was diese so speziellen Ahnungen betrifft, so hatte ich vor wenigen Wochen ein seltsames Erlebnis. Es war ein Sonntagnachmittag, und ich hatte es mir auf der Couch gemütlich gemacht. Ein Lied aus dem Radio weckte meine Aufmerksamkeit – eine Art altmodischer Folksong, den ich zuvor noch nie gehört hatte. Die Melodie und die Stimme der Sängerin berührten mich so stark, dass mir augenblicklich die Tränen kamen. Das war insofern ungewöhnlich, als ich sehr selten weine. Die tiefe Traurigkeit, die mich plötzlich erfasste, hatte keinerlei Ähnlichkeit mit der angenehm sentimentalen Stimmung, in die einen Musik versetzen kann. Und während ich dem Lied lauschte, sagte etwas in meinem Inneren: »Du wirst bald ein Quantum Trost brauchen.«

Aus der Intuition wurde Realität. Und für einmal hatte sich mein sechster Sinn auch bei mir selber bewahrheitet. Mit der Einschränkung, dass ich nicht ein Quantum, sondern eine ganze Wagenladung Trost brauchen sollte.

Mit meinem Bedürfnis nach Trost war und bin ich nicht allein. Und das zu spüren, ist tröstlich.

Ein Quantum Trost (2)

Letzte Woche habe ich an dieser Stelle geschrieben, wie mich Anfang März beim Musikhören plötzlich eine Vorahnung überfiel, dass ich bald viel Trost brauchen würde. Ich musste diese Eingebung auch nicht hinterfragen, spürte ich doch mit Gewissheit, dass es so kommen würde. Vielleicht denken Sie jetzt: »Das ist doch tröstlich, wenn man bereits im Voraus ahnt, dass man in einem Notfall getröstet wird.«

Was auf andere zutrifft, stimmt bei mir nicht. Getröstet zu werden, verbinde ich oft mit Gefühlen der Schwäche, der Minderwertigkeit und der Niederlage. Im umgekehrten Fall empfinde ich das nicht so: Jemanden zu trösten, bedeutet für mich nie, dass diese Person schwächlich ist. Im Gegenteil: Ich bewundere sie sogar heimlich, dass sie es zulassen kann, getröstet zu werden.

Vielleicht habe ich auch einfach Sätze wie diese zu oft in meinem Leben gehört: »Bist du eigentlich noch bei Trost?« Die Frage meiner Eltern, wenn ich wieder einmal eine »verrückte« Idee in die Tat umsetzen wollte. – »Ist es nicht tröstlich, dass du diesen Deppen endlich losgeworden bist?« Die Frage einer Freundin, nachdem ich von diesem verlassen worden war. – »Leider haben Sie den Wettbewerb nicht gewonnen. Möchten Sie dafür einen tollen Trostpreis?« Nein! Nein! Und nochmals: Nein!

Weshalb ich immer so abwehrend reagiert habe, kann ich nur erahnen. Aber darum geht es hier nicht. Sondern um die überraschende Erkenntnis, dass sich selbst jahrelange innere Überzeugungen ändern können. Und dies ohne lange Therapie. Wie viele andere Menschen brauche auch ich Druck, um gewisse Dinge oder

Gewohnheiten zu verändern. Und dieses Mal war der Druck von außen einfach so stark, dass mir nichts anderes übrig blieb, als meinen Schutzpanzer abzulegen.

Die Intuition, dass ich bald Trost brauchen würde, hatte sich bewahrheitet. Und das hatte nichts mit Corona, sondern mit dem Verlust geliebter Menschen zu tun. Die Redewendung »Alles kommt auf einmal« hat sich bei mir bestätigt. Denn kaum hatte ich mich im Boxring des Lebens etwas vom einen Tiefschlag erholt, setzte das Schicksal präzise die nächste Rechte.

Ich bin mehr als einmal in den Seilen gehangen und stand sogar kurz vor dem K. o. Dass ich heute wieder auf der Matte stehe, habe ich nicht nur meiner eigenen Kraft zu verdanken, sondern vor allem der Tatsache, dass ich fähig war, den Trost meines Umfelds anzunehmen. Und zu spüren, dass mich diese Schicksalsschläge nicht weiter schwächten, sondern dass ich dadurch zu neuer Stärke gefunden habe.

Beziehungsblüten (1)

Dass die strikten Einschränkungen der letzten Wochen für viele Beziehungen eine Belastungsprobe waren, können selbst Corona-Leugner nicht abstreiten. Egal, ob man als Paar oder Familie schon lange zusammengelebt oder das Abenteuer einer gemeinsamen Wohnung erst vor kurzem gestartet hatte: Das erzwungene Zusammensein, oft auf wenig Raum, bedeutete eine echte Herausforderung.

Für einmal waren Frischverliebte nicht im Vorteil. Im Gegenteil: Denn kennt man sich schon lange, dann weiß man auch allfällige Warnsignale im Verhalten seines Partners zu deuten. Und man hat vielleicht auch gelernt, wie man einer aufkommenden Gewitterfront – sprich: Streit – ausweichen kann.

Auch in einer ersten Phase des Zusammenlebens ist das Bedürfnis vorhanden, Konfrontationen aus dem Weg zu gehen. In diesem Fall jedoch, weil man sich von seiner besten Seite zeigen möchte. Aber wer schafft das schon? Vor allem in einer Ausnahmesituation? Selbst wenn die Hormone den Blick auf die Realitäten des Alltags noch etwas vernebelten: Bei so viel erzwungener Nähe konnte es durchaus passieren, dass ein Paar statt in der romantischen Honeymoon-Suite in einem unerwarteten Crashkurs für Beziehungsarbeit landete.

Die erste Verliebtheitsphase und, damit verbunden, den körperlichen und seelischen Ausnahmezustand mochte ich nie besonders. Auch das schnelle Zusammenziehen mit einem neuen Partner war nichts für mich. Ich genoss zwar die intensiven Zeiten der Zweisamkeit, schätzte es aber immer, mich danach in die eigene Wohnung zurückziehen zu können. Ohne Kinder war dies auch problemlos möglich. Den Drang vieler »frischer« Paare, am Anfang der Beziehung alles gemeinsam machen zu wollen, konnte ich nie nachvollziehen. Wenn ich etwas über meine Liebesbeziehungen gelernt habe, dann, dass mir meine Interessen und Leidenschaften immer wichtig waren. Selbst in sehr stressigen Zeiten. Männer, Kinder und Freunde können einen verlassen. Die eigene Welt bleibt.

Obwohl ich mit meinem Mann und meinen beiden Hunden heute in einer recht geräumigen Wohnung lebe und mehr »Auslauf« als viele andere habe, war die neue Situation des konstanten Zusammenseins nicht immer einfach. Was half, war, dass jeder ein kleines Reich hat, wo er schalten und walten kann, ohne dass ihm der andere reinredet. Ich verbrachte viele sonnige Stunden auf der Terrasse bei der Gartenarbeit, während sein Lieblingsrückzugsort die Küche war. Dort blieb er fast ganze Wochenenden, um neue Rezepte zu kreieren und seine Kochkünste zu perfektionieren, in deren Genuss ich dann kam.

Die Zukunft wird zeigen, wie viele Beziehungsblüten die hermetische Treibhausatmosphäre von Corona überleben werden. Die Partnerschaften, die das bis jetzt geschafft haben, haben sicher gute Chancen, weitere Krisen – welcher Art auch immer – zu meistern.

Beziehungsblüten (2)

»In diesem Moment hätte ich ihn glatt umbringen können«, klagte so manche meiner Freundinnen über den Stress in ihrem Beziehungsleben während Corona. Die erzwungene Nähe zum Partner war für viele eine echte Herausforderung. Und natürlich nicht nur ein weibliches Problem. Aber wir Frauen können uns beruhigen, indem wir unserem Ärger Luft machen, während Männer diesen eher runterschlucken und verdrängen. Oder ihn auf der zusätzlichen Jogging-Runde pulverisieren.

Das Positive an diesen emotionalen Ausbrüchen war, dass sie meist schnell wieder verpufft waren. Dies allerdings nicht aus Liebe und Toleranz gegenüber dem Partner, sondern durch die notgedrungene Einsicht, dass man sich im Zuhause nicht wirklich aus dem Weg gehen konnte. Und wer mag schon über längere Zeit in einem Krisengebiet leben?

Meine Empfindlichkeit äußerte sich bei mir meist bei Kleinigkeiten, zum Beispiel, wenn mein Mann beim Online-Einkauf das falsche Joghurt bestellt hatte. »Ja, es musste Schokolade und nicht Mokka sein!« Denn nur ersteres beruhigt meine Nerven. Und dann gab es noch diese Fast-Nervenzusammenbrüche, die mich – jedenfalls im Rückblick – belustigen. Die wohl amüsanteste Begebenheit betraf einen gefalteten Zettel, den ich eines Morgens in der Küche zwischen ein paar gestapelten Kochbüchern fand. Hatte mein Mann etwa Geheimnisse vor mir? Normalerweise haben wir Respekt vor der Privatsphäre des anderen – Einblicke in Handys und E-Mails sind tabu. Aber vielleicht trieb Corona geheime Blüten, von denen ich nichts wissen durfte?

Ich beschloss also, schnell einen Blick auf den Zettel zu werfen. Es konnte ja auch sein, dass sich Hanspeter ein paar Gedanken über meinen baldigen Geburtstag gemacht hatte. Und durch diese Einsicht konnte ich, natürlich ganz zufällig, notfalls verhindern, dass seine Pläne in eine falsche Richtung gingen.

Hätte ich in diesem Moment meine Brille getragen, sie wäre mir vor Überraschung von der Nase gefallen: Die Notizen enthielten keine möglichen Geschenkideen oder Reisedestinationen. Sondern da stand oben in Großbuchstaben: ZOFFLISTE.

Von den offenbar rasch hingeworfenen Wörtern, neben denen zum Teil auch Zahlen standen, konnte ich ohne Brille auf die Schnelle nur einen Teil entziffern. Das las sich ungefähr so: »Anteil mein/dein«, »Arten von Lämpen«, »Mutter«, »Ausgehen«, »Achtung vor Unlust«, »Fluchen« und dann auch noch »Kackzeiten« (!).

Ich wunderte mich doch sehr, was mein Mann in diesen Corona-Wochen offenbar für Probleme sah. Und schon kam er daher. »Was soll diese Zoffliste?«, blaffte ich ihn an. »Ich weiß ja, dass du gern Listen machst, aber statt so seltsame Listen zu führen, kannst du mir ja direkt sagen, was dich stört!«

Er blickte mich ziemlich verblüfft an: »Zoffliste?« Dann sah er den Zettel auf dem Küchentisch. Und lachte schallend. »Das nächste Mal setzt du dir besser die Brille auf, wenn du meine Notizen anschaust!« Das Blatt stellte sich als »Zopfliste« heraus. Denn mein Mann nutzte die Corona-Zeit, um jeweils aufs Wochenende einen Zopf zu backen. Und da er dies zuvor noch nie gemacht hatte, stellte er verschiedene Informationen aus unterschiedlichen Rezepten auf einer Liste zusammen. Zum Beispiel »Anteil Mehl/Hefe«, »Arten von Mehlen«, »Butter«, »Aufgehen«, »Achtung vor Zugluft«, »Flechten« – und »Backzeiten«.

Zauberhaftes erstes Mal

Das erste Mal etwas ganz Besonderes zu erleben, auf das man vielleicht schon lange hingefiebert hat, kann eine Bandbreite der verschiedensten Gefühle auslösen. Vielleicht verläuft das Ganze genau so, wie man es sich ausgemalt hat. Oder, in eher seltenen Fällen, sogar noch ein bisschen schöner, spannender und aufregender. Und wir können es fast nicht fassen, dass wir diese unglaubliche Erfahrung machen durften. Oder wir sind ein bisschen enttäuscht, weil unsere Erwartungen nicht erfüllt wurden. Je positiver das erste Mal erlebt wird, desto größer sind die Chancen, dass danach noch viele weitere Male folgen werden. Im gegenteiligen Fall braucht es vielleicht etwas Zeit und Mut bis zu einem erneuten Versuch. Oder wir buchen die erlebte Erfahrung als verzichtbar ab und wiederholen sie nie wieder.

Zum guten Glück neigen wir zum Vergessen und Verdrängen. Denn sonst wäre die Menschheit schon längst ausgestorben. Wenn ich daran denke, wie viele Frauen mir erzählt haben, dass sie während der Geburt ihres ersten Kindes vor Schmerzen am liebsten gestorben wären und sich geschworen hatten: »Das mache ich nie, nie wieder mit!« Doch kaum hielten sie ihr Neugeborenes im Arm, war die ganze Qual vergessen. Und diese hielt sie auch nicht davon ab, mit dem Kinderkriegen weiterzumachen. Das hat die Natur jedenfalls gut eingerichtet.

Natürlich sind nicht alle ersten Male so existenziell. Aber auch der erste Kuss, die erste Verliebtheit, der erste Liebeskummer, der erste Sex, der erste Lohn, der erste Rausch, der erste Misserfolg und viele andere erste Male prägen unser Leben. Und werden es auch weiter tun, wenn wir es zulassen. Natürlich braucht es mit zunehmendem Alter und den bereits gemachten Erfahrungen etwas mehr Fantasie, wenn es um neue erste Male geht. Denn vieles haben wir bereits abgehakt. Und vielleicht auch festgestellt, dass die Erwartung und die Vorfreude größer waren als das Erlebnis an sich. Was uns aber nicht davon abhalten sollte, uns immer wieder neue Ziele zu überlegen. Denn das ist es doch, was uns jung hält: die Offenheit und die Neugierde, uns auf Neues einzulassen.

Nicht zu unterschätzen ist dieser spezielle Nervenkitzel, den wir vor einer Premiere immer wieder spüren und der uns beflügeln, aber auch verunsichern kann. Denn bevor wir eine neue Erfahrung gemacht haben, wissen wir nie, wie sie sich anfühlen wird. Ob sie uns bereichern, uns vielleicht sogar verändern wird. Ich würde sagen: Es bleibt spannend, das Leben.

Meine Wünsche für meine nächsten ersten Male sind nicht wirklich weltbewegend: Auf meiner »bucket list« steht kein Fallschirmsprung. Ich will auch nicht die neunundneunzig aufregendsten Orte der Welt entdecken, bevor ich sterbe, und den Tantra-Kurs spare ich mir auch.

Ich möchte einfach wieder einmal alle Menschen, die ich lieb habe – und das sind nicht wenige – ganz fest in meine Arme nehmen und drücken.

So, als wäre es das erste Mal.

Das Prinzip Hoffnung

Liegt es am Älterwerden, dass in meinen Gedanken immer häufiger intensive Bilder aus meiner Kindheit auftauchen? Und nicht nur Selbsterlebtes, sondern auch Geschichten, die mich damals fasziniert haben. An die ich mich aber über eine lange Zeit nicht mehr erinnert habe. Dass sie jetzt wieder lebendig werden, könnte damit zu tun haben, dass die Themen Gesundheit und Krankheit momentan stark im gesellschaftlichen Fokus stehen.

Vielleicht werden Erinnerungen an Erlebnisse wach, die ich verdrängt habe, weil sie mir immer ein bisschen peinlich waren. So wie meine extreme Angst, dass ich geliebte Menschen plötzlich verlieren könnte. Wenn ich in letzter Zeit tragische Geschichten rund um Corona gehört oder gelesen hatte, spürte ich, wie mich plötzlich ein Hauch dieser alten Verlustängste umgab. Natürlich nicht mehr in der gleichen Intensität wie als Kind, denn ich habe inzwischen glücklicherweise erfahren, dass ich fähig bin, Verluste zu er- und überleben. Dieses Urvertrauen, das ich mir über die Jahre aufgebaut habe, gibt mir heute eine gewisse »Bodenhaftung«, die hilft, manche Ereignisse besser zu akzeptieren – auch wenn sie einen anderen Ausgang nehmen, als ich es mir wünschte.

All dies ging mir durch den Kopf, als ich einen Artikel über einen Spanier las, der während zweier Monate wegen einer Covid-19-Infektion auf der Intensivstation eines Spitals in Barcelona lag. Obwohl es ihm körperlich etwas besser ging – die schlimmste Krise hatte er vom gesundheitlichen Standpunkt her überwunden –, machte dem einundsechzigjährigen Mann die Isolation sehr zu schaffen, und er wurde immer depressiver. Weil seine Ärzte und das Pflegepersonal wussten, dass er das Meer über alles liebte, schoben sie zu einem Zeitpunkt, als er nicht mehr ansteckend war, sein Krankenbett raus aus dem Spital, ganz nahe an den Strand. So konnte der Patient nicht nur die frische Meeresluft einatmen, sondern auch seit langer Zeit wieder einmal den Wind und die wärmende Sonne auf der Haut spüren. Die kleinen Ausflüge hatten eine so positive Wirkung auf die Psyche des Mannes, dass sich sein Gesundheitszustand verbesserte und er auf eine normale Station verlegt werden konnte. Er hatte das große Glück, dass andere Menschen ihm Hoffnung schenkten, als er nicht mehr allein fähig war, diese zu entwickeln.

Und jetzt spanne ich einen Bogen zu einer meiner Lieblingsgeschichten aus meiner Kindheit. Ein Mädchen lag schwer krank im Bett und schaute jeden Morgen nach dem Aufwachen zu einem Baum, der an der gegenüberliegenden Hauswand vor seinem Fenster stand. Es war Herbst, und der Baum verlor jeden Tag mehr Blätter. Das Mädchen war überzeugt: Wenn der Baum sein letztes Blatt verlöre, würde sein eigenes Leben ebenfalls zu Ende gehen. Die Eltern waren verzweifelt, denn nichts konnte es von seiner Überzeugung abbringen. Als schließlich nur noch ein Blatt am Baum hing, hatte sich das Mädchen beinahe seinem Schicksal ergeben.

Doch, o Wunder, am nächsten Morgen hing das Blatt immer noch am Baum. Und am Tag darauf auch noch. Auch als es zu schneien begann, blieb das Blatt am Baum. Das Mädchen sah darin das Zeichen, dass es selber wieder gesund werden würde. Was es allerdings nicht ahnte, war, dass der Vater, ein Kunstmaler, das letzte Blatt am Ast auf die Hauswand hinter dem Baum gemalt hatte.

Die tiefere Botschaft dieser Geschichte – das Prinzip Hoffnung – hatte ich als Kind nicht verstanden. Heute bin ich froh, dass es mir möglich ist.

Warum nicht alles für etwas gut ist

Es gibt Lebensweisheiten, die ich einfach nicht mehr hören mag. Eine der nervigsten: »Lass doch einfach los!« Erstens ist das Loslassen selten einfach und zweitens nur zu einem kleinen Teil ein willentlicher Entscheid. Der Druck, den wir damit auf andere oder auch auf uns selber ausüben, ist genauso unnötig wie die Vorwürfe, falls uns dies, trotz allen Anstrengungen, nicht gelingt.

»Denke positiv!« ist ein weiterer Spruch, auf den ich fast schon allergisch reagiere. Genauso wie auf die Aufforderung: »Reiß dich doch ein bisschen zusammen! Es gibt doch so viel Schönes. Du brauchst nur die Augen zu öffnen, um es zu erkennen.« Pech, wer es nicht schafft, das Licht am Ende des Tunnels zu sehen. Natürlich weiß ich aus eigener Erfahrung, dass mit einem starken Willen, Hoffnung und einer positiven Einstellung viel erreicht werden kann. Aber eben nicht immer und nicht alles.

Mein Spitzenreiter unter den ungeliebten Phrasen? »Alles ist für etwas gut.« Ich höre dies in letzter Zeit immer wieder als lieblosen Trost für einen unglücklichen Menschen, dessen Schicksal einen nicht wirklich interessiert. Schließlich sind wir schon alle durch schwere Zeiten gegangen und haben es überlebt. Also: »Augen zu und durch!«

Natürlich steckt auch in dieser Aussage ein Stück Wahrheit. Trotzdem: Ein Schicksalsschlag ist nie für etwas gut, selbst dann nicht, wenn später etwas Gutes daraus erwächst – und glücklicherweise ist das ja immer wieder der Fall. Das haben die meisten von uns schon erlebt. Sei es, wenn man nach einem Jobverlust gezwungen wird, sich beruflich neu zu orientieren. Und danach vielleicht sagen kann: Heute bin ich zufriedener als früher. Glücklich schätzen können sich auch jene Menschen, die von einer großen Liebe enttäuscht wurden und daran nicht zerbrochen sind. Und später sogar die Möglichkeit bekamen, eine neue, erfüllte Beziehung aufzubauen.

Vieles liegt in unseren Händen und ist nicht schicksalsgegeben. Vielleicht hätten wir unseren früheren Job behalten, wenn wir mehr für uns eingestanden wären. Vielleicht haben wir zu früh aufgegeben, nicht nur im Beruf, sondern auch in der Liebe. Hätten wir nicht zu hohe Erwartungen an unseren ehemaligen Prinzen gestellt, wäre dieser vielleicht auch nicht zum Frosch mutiert. Und welche erwachsene Frau braucht überhaupt einen Prinzen? Eben.

Wer kennt sie nicht, diese »hätte«- und »wäre«-Gedankenspiele, die eigentlich total sinnlos sind. Die Vergangenheit lässt sich nun mal nicht verändern, wir können höchstens aus ihr lernen.

Eine »glückliche Fügung«, das tönt für mich auch nach einem geschmeidigen Flow, der einen zügig aus einer schwierigen Lebenssituation an ein neues, hoffnungsvolles Lebensufer treibt. Doch seien wir ehrlich: Meistens ist die Zeit zwischen einer schwierigen Lebenssituation und einem Neuanfang alles andere als ein cooler Flow, sondern eher ein echter Chrampf.

Was ich allerdings auch weiß, ist, dass die Stärke, die ich auf diesen schwierigen Wegen für mich gewonnen habe, alle Kämpfe wert war.

Freundschaft in Zeiten von Corona

Stärker als sonst rühren mich zurzeit kleine Gesten und liebevolle Worte meines Umfelds. So wird das Facetime-Rendez-vous mit Felix, der in New York lebt, genauso zu einem Highlight wie der selbst gepflückte Wiesenstrauß einer Freundin, den sie mir vor die Haustür gelegt hat. Doch leider haben bei mir momentan nicht nur die positiven Gefühle Hochkonjunktur, sondern auch die gegenteiligen.

Beziehungen stehen momentan auf dem Prüfstand. Und ich frage mich: Wieso habe ich gewisse Seiten und Ansichten von Menschen, die ich zu kennen meine, nicht schon früher wahrgenommen? Was ist mit meiner so vernünftigen Kollegin passiert, die mir fast täglich in kindlichem Trotz schreibt: »Ich will mein altes Leben zurück!« Ich kann mich gerade noch bremsen, ihr streng zu antworten: »Kind, wer will das nicht?«

Aber bin ich über Nacht Ersatzmutter eines beschränkten Teenagers geworden? Wenn ich höre, dass ein nachgewachsener grauer Haaransatz oder kaputte Gelnägel ein »Riesenproblem« sind, muss ich mir auf die Zunge beißen, um nicht zu kontern: »Etwas weniger Künstlichkeit in Sachen Schönheit würde sich jetzt auszahlen.« Aber das wäre eine völlig überflüssige Reaktion meinerseits. Denn erstens bin auch ich nicht »Natur pur«, und zweitens hatte ich das Glück, dass ich genau am letzten Tag vor dem Lockdown noch zu meiner Coiffeuse konnte.

Was mich ärgert, ist denn auch nicht das Wehklagen an sich, sondern die Unverhältnismäßigkeit dieser Aufregung. Statt zu jammern, dass die goldblonde Haarpracht zunehmend einen mausgrauen Touch annimmt, sollte unser Mitgefühl doch jenen gelten, die um ihre Existenz bangen, weil sie ihren Beruf nicht mehr ausüben können.

Und wie, bitte, soll ich reagieren, wenn mich eine Freundin ernsthaft in abstruse Verschwörungstheorien einweihen will? Sie fragen, ob sie noch alle Tassen im Schrank hat? Oder den netten Kollegen auf seinen anscheinend nicht mehr vorhandenen Verstand hinweisen, wenn er gewisse Politiker in den Himmel lobt, die offenkundig lügen und manipulieren? Was jenen entgegnen, die darüber klagen, dass sie nicht nur ihre bereits gebuchten Ferien verschieben müssen, sondern auch die große Feier anlässlich des achtundsiebzigsten Geburtstags der Schwiegermutter? Bin ich ein schlechter Mensch, wenn ich denke: »Dummköpfe, seid doch froh, dass ihr überhaupt noch eine Schwiegermutter habt, mit der ihr in ein paar Monaten nachfeiern könnt!«? Meine ist vor kurzem gestorben.

Ich bin dünnhäutiger geworden. Und diese neuerdings so kritische Art, andere wie unter einer Lupe wahrzunehmen, mag ich nicht besonders an mir. Denn normalerweise strebe ich nach Harmonie. Und es ist mir durchaus bewusst, dass auch ich von anderen kritischer als sonst beurteilt werde. Und auch, dass sich einige Menschen vielleicht von mir abwenden werden. Weil sie feststellen, dass es zwischen uns nicht mehr stimmt. Oder vielleicht auch nie wirklich gestimmt hat.

Was ich allerdings weiß, ist, dass jene Freundschaften, die Corona überleben werden, ziemlich gute Freundschaften sind. Und das ist doch eine ziemlich gute Sache.

Brigitte – eine wie keine

Unter Schreibblockaden, über die Autoren immer mal wieder klagen, leide ich normalerweise kaum. Das sagt nichts über meine Qualität als Autorin aus, sondern liegt vor allem daran, dass ich es liebe, meine Gedanken mit anderen Menschen zu teilen.

Doch seit Tagen fehlen mir die Worte. Bilder, Erinnerungen und Gefühle gäbe es viele, aber der übliche Flow, diese niederzuschreiben, will und will sich einfach nicht einstellen. Dass ich es dennoch versuche, hat damit zu tun, dass die Freundin, über die ich hier schreibe, sonst mit mir nicht zufrieden wäre. Denn was Arbeit betraf, hatte sie hohe Ansprüche an sich und an andere.

»Hatte« ist leider kein Verschreiber. Denn sie ist nicht mehr.

Ihr Verlust hat mich tief getroffen. Sie ist beileibe nicht der erste geliebte Mensch, den ich verloren habe. Aber im Gegensatz zu den meisten anderen endgültigen Abschieden zeigte sich der Tod dieses Mal von seiner besonders miesen Seite.

Er hatte nicht einmal den Anstand, kurz anzuklopfen, um sich vorzustellen, damit ich mich – und natürlich alle anderen, die meiner Freundin nahestanden – auf irgendeine Art hätte vorbereiten können. Es geht mir jetzt hier aber nicht um meinen persönlichen Verlust. Solchen kennen Sie sicher auch aus eigenem schmerzlichem Erleben. Es geht mir um Freundschaft. Und um die Dankbarkeit, dass ich diese erleben durfte.

Eine der Besonderheiten dieser Freundschaft war, dass sie über viele Jahre hielt, obwohl wir sowohl in unseren Ansichten wie auch in der Art, wie wir leb(t)en, sehr verschieden waren. Enge Beziehungen definieren sich ja eigentlich oft genau über diese Dinge –

schließlich umgibt man sich am liebsten mit Menschen, die genauso ticken wie man selber. Wenn man jedoch dann sieht, wie so manche enge Beziehung auseinandergeht, empfinde ich es als großes Glück, dass das bei uns nicht so war.

Viele Menschen fragten sich – und manchmal uns – immer wieder, welcher besondere Kitt uns wohl verbinde. Wir selber haben unsere Freundschaft nie hinterfragt. Vielleicht, weil wir unbewusst Angst hatten, ihren Zauber durch überflüssiges Analysieren zu schmälern.

Meine Freundin hat mich gelehrt, was eine Herzensfreundschaft ist. Nein, nicht konstant Friede, Freude und Eierkuchen. Es ging um Wichtigeres: um die Toleranz, darum, den anderen mit all seinen Ecken und Kanten anzunehmen und lieb zu haben. Und sich an schwierigen Tagen zu trösten und sich, ohne Neid und Eifersucht, füreinander zu freuen.

Das Band zwischen uns wird niemals reißen. Auch wenn es ein bisschen verlängert werden muss – der Weg ins Universum ist leider weit.

Nachwort

Der Winternachmittag hatte schon früh Feierabend gemacht. Es dunkelte bereits ein, als ich im ersten Stock eines Restaurants im Zürcher Hauptbahnhof meine klammen Hände an einer Tasse heißer Schokolade wärmte. Untypischerweise war ich zu früh zu dieser Verabredung gekommen, und so konnte ich in Ruhe durch die große Scheibe nicht nur die ein- und ausfahrenden Züge beobachten, sondern auch das Gewimmel der Passanten, die in die verschiedensten Richtungen strömten. Wohin sie ihr Weg wohl führte?

Im Gegensatz zu Flughäfen, die meine Fantasie beflügeln, machen mich Bahnhöfe irgendwie sentimental. Warum das so ist, kann ich nur erahnen. Wahrscheinlich habe ich zu viele melodramatische Liebesfilme mit ebensolchen Abschiedsszenen gesehen, die zwischen den Gleisen spielen. Und alle haben etwas gemeinsam: Die beiden Hauptdarsteller finden nicht zusammen, da immer einer abreist und der andere dem Zug hinterherrennt. Wie beispielsweise in »Stazione Termini« oder »Anna Karenina«.

Doch ich kam nicht dazu, meine Gedanken weiterzuspinnen, die vielleicht zu einer Kolumne geführt hätten, denn schon bald befand ich mich in guter Gesellschaft: Gabriella Baumann-von Arx, meine Verlegerin, und Silvan Grütter, Chefredaktor der »Coopzeitung«, hatten mich entdeckt und setzten sich an den Tisch. Die Freude, beide nach langer Zeit wieder einmal zu treffen, verscheuchte jeden Anflug meiner getrübten Stimmung. Der Grund für dieses Treffen war auch ein spannender. Wir wollten uns darüber unterhalten, ob wir nicht die besten Kolumnen, die ich während vier Jahren für die »Coopzeitung« geschrieben hatte, in einem Buch herausgeben sollten.

Keine halbe Stunde später waren wir uns nicht nur einig, dass wir dieses Projekt starten wollten, wir hatten uns auch gegenseitig auf den neuesten Stand gebracht, was in unseren Leben in den letzten Monaten so alles passiert war. Es gab allerdings keine sensationellen Ereignisse zu vermelden: Keiner von uns war über Nacht Lottomillionär geworden, es gab auch keine neuen Ehepartner oder sonstige größere Veränderungen. Kurz, der Alltag mit seinen Freuden und Leiden schien uns alle fest im Griff zu haben. Damals dachte ich wehmütig: Die Zeit der aufregenden Erlebnisse scheint vorbei zu sein. Das schönste Geschenk ist offenbar, wenn mir am Morgen beim Aufstehen nichts wehtut und auch die Familie fit und munter ist.

Lag es am trüben Wintertag oder daran, dass mir wieder einmal schmerzlich klar geworden war, wie schnell die Zeit voranschreitet? Aber ich hatte keine Gelegenheit, diesem Gefühl nachzuhängen, denn nicht nur Gaby und Silvan drängten zum Aufbruch, sondern auch ich: Der nächste Punkt in der Agenda wartete. Nach einer kräftigen Umarmung und dem Versprechen, dass es das nächste Mal nicht mehr so lange bis zu einem Wiedersehen dauern würde, verabschiedeten wir uns voneinander.

Kein Jahr ist seit diesem Treffen vergangen. Und wie gern würde ich mich heute ein bisschen über die letzten Monate meines etwas zu alltäglichen Alltags »beschweren«. So, wie ich ihn in meinen Kolumnen immer wieder einmal beschreibe, wenn mir das Alltagsgrau zu viel wird. Wer wie ich einen Hang zum Träumen hat und auch mit zunehmendem Alter einen gewissen Idealismus pflegt, hungert immer ein bisschen nach den großen Gefühlen und den unvergesslichen Erlebnissen, die das Leben nicht nur bunt machen, sondern ihm auch unvergessliche Tiefe verleihen. Denn sosehr ich die Sicherheit und die Geborgenheit schätze: Der Wunsch, die Ketten genau dieses Alltags wenigstens hin und wieder zu sprengen, gehört einfach zu mir.

Wir alle haben das Ausnahmejahr 2020 auf unterschiedliche Weise wahrgenommen. Gemeinsam ist uns aber die kollektive Erfahrung, dass wir etwas erleben mussten, das wir uns in den wildesten Träumen niemals hätten vorstellen können. Hätte mir jemand vor Corona gesagt, wie sich die Welt heute präsentiert, ich hätte ihn einen Verschwörungsfanatiker genannt. Dass sich mein Leben aber auf eine Art und Weise veränderte, wie ich es nie für möglich gehalten hätte, liegt nicht an Corona, sondern an der Tatsache, dass ich im Frühling 2020 um zwei geliebte Menschen ärmer geworden bin. Sie fehlen mir so schmerzlich, dass die Unsicherheiten und Sorgen, die mich gelegentlich umtreiben, kleiner geworden sind.

Was mir gegen die Traurigkeit hilft, die mich immer wieder einholt, ist das Schreiben. Und dass ich durch meine Bücher und Kolumnen die Möglichkeit habe, in einem steten Austausch mit meinen Leserinnen und Lesern zu stehen. Sei es durch Briefe, die ich immer wieder erhalte, durch Rückmeldungen in den sozialen Medien oder im persönlichen Kontakt. So werde ich beim Einkaufen oder beim Spazieren oft angesprochen. Und dies, obwohl ich in den ersten Monaten der Krise immer eine Maske trug.

Am Anfang war es für mich allerdings etwas seltsam, wenn mich eine fremde Person ansprach: »Äxgüsi, sind Sie nicht Frau Aeschbach von der ›Coopzeitung‹?« Aber da ich bei den folgenden, meist kurzen Gesprächen ausschließlich motivierende und sehr positive Rückmeldungen zu meinen Kolumnen erhielt, freute – und freue – ich mich jedes Mal darüber.

Das Leben hat sich jetzt, da ich diese Zeilen schreibe, noch nicht so stabilisiert, wie wir es uns alle gewünscht haben. Doch die Hoffnung ist groß, dass es langsam und stetig wieder in seine normalen Bahnen zurückfindet. Heute empfinde ich selbst das Alltagsgrau als Lichtblick. Was jedoch nicht bedeutet, dass ich meinen innigsten Wunsch, das Leben in seiner ganzen Fülle auskosten zu dürfen, verraten hätte. Wäre ja noch schöner, wenn ein mieses Virus das schaffen würde!

Dass man seine Träume nie aufgeben darf, haben mir diese zwei ganz unterschiedlichen Frauen bewiesen. Gemeinsam war ihnen, dass sie ihr Leben mit Mut, Disziplin und Freude gelebt haben. Meine Schwiegermutter Heidy hat mir gezeigt, dass man auch mit über neunzig und gesundheitlichen Gebrechen nicht jeden, aber viele Tage mit Vorfreude und einer gewissen Neugierde begrüßen kann. Dies zu wissen, hat mich ein wenig über ihren Tod hinweggetröstet. Genau wie die Tatsache, dass sie ein langes und spannendes Leben hatte. Dieser Trost fehlte mir gänzlich beim Tod meiner Freundin Brigitte. Was, bitte, soll tröstlich sein, wenn eine noch junge Frau ohne Vorwarnung mitten aus ihrem Leben gerissen wird? Wenn sie nicht nur ihre Liebsten zurücklassen musste, deren Herz gebrochen wurde, sondern auch unerfüllte Träume, nicht umgesetzte Pläne? Schrecklich finde ich auch, dass es nicht möglich war, sich noch einmal zu sagen, wie lieb man sich hat und wie sehr man den anderen bewundert und schätzt.

Dadurch, dass ich meiner Freundin Brigitte dieses Buch widme – obwohl sie in ihrer bescheidenen Art darüber nicht wirklich begeistert gewesen wäre –, möchte ich zeigen, welch wichtigen Einfluss sie während vieler Jahre auf mich hatte und immer haben wird. Brigitte war eine außergewöhnliche Frau. Das war mir schon während unserer langjährigen Freundschaft bewusst, aber heute, da sie fehlt, fühle ich dies noch viel stärker.

Im Stillen rede ich oft mit den beiden Frauen, als wären sie noch hier, erzähle ihnen, was in meinem Leben so alles passiert, bitte um Hilfe, wenn ich mal nicht weiterweiß, oder einfach nur um Energie, wenn ich eine Aufgabe meistern muss. Denn im Gegensatz zu Heidy und Brigitte fehlt es mir im Alltag manchmal an Mut und Biss.

Brigitte habe ich nach ihrem Tod das Versprechen gegeben, dass ich, auch stellvertretend für sie versuchen würde, das Leben in seiner ganzen Fülle wahrzunehmen und es mit all seinen Höhen und Tiefen auszukosten.

Silvia Aeschbach, im Juli 2020

Silvia Aeschbach
Bye-bye, Traumfigur
Willkommen im eigenen Körper!

192 Seiten
Klappenbroschur
13,5 × 21,2 cm

Print ISBN 978-3-03763-098-3
E-Book ISBN 978-3-03763-749-4
www.woerterseh.ch

Die Journalistin und Bestsellerautorin Silvia Aeschbach war schon als Teenager überzeugt, dass ihre Rundungen ein Irrtum der Natur seien. Und dass sie diese mit allen möglichen und unmöglichen Maßnahmen korrigieren, um nicht zu sagen, bekämpfen müsse. Doch ihr Streben nach der »idealen« Figur entwickelte sich nie so, wie sie sich das gewünscht hatte. Heute – mit über fünfzig – sagt sie: »Meinen Körper so zu akzeptieren, wie er ist, fällt mir noch immer nicht ganz leicht, aber ich habe einen Waffenstillstand beschlossen: Keine Diäten mehr, keine Work-outs mehr, bei denen ich meine Grenzen überschreite, keine Selbstgeißelungen.« In ihrem Buch schaut sie zurück auf dreißig Jahre Kurvenkrieg, beleuchtet die Frage, ob Frauen heute, auch was ihren Körper betrifft, selbstbewusster geworden sind, und kommt zur Erkenntnis, dass nach wie vor viel zu viel kritisiert, korrigiert und optimiert wird.

Silvia Aeschbach

Älterwerden für Anfängerinnen

Willkommen im Klub!

176 Seiten
Klappenbroschur
13,5 × 21,2 cm

Print ISBN 978-3-03763-064-8
E-Book ISBN 978-3-03763-590-2
www.woerterseh.ch

In einer auf Jugendlichkeit getrimmten Gesellschaft, die vor allem bei Frauen Schönheit honoriert und diese mit Jugend gleichsetzt, galt eine Frau in mittleren Jahren lange als nicht besonders anziehend. Das beginnt sich jetzt zum Glück zu ändern. Nicht nur die Wirtschaft hat die Altersgruppe ab Mitte vierzig entdeckt, auch die Frauen selbst erfahren sich neu, setzen Prioritäten anders und starten noch einmal durch, egal, ob im Privat- oder im Berufsleben. Abstellgleis war gestern, heute heißt es: Volle Fahrt voraus!
Neben witzigen und pointierten Texten über sich selbst lässt Silvia Aeschbach in diesem Buch in einem Interview auch die Gynäkologin Stephanie von Orelli und in Porträts dreizehn weitere Frauen zwischen vierzig und siebzig Jahren zu Wort kommen. Offen und ehrlich erzählen sie, wie sie die turbulente Zeit im Wechsel der Jahre erleben und wie sie sich den Veränderungen, die unaufhaltsam kommen, stellen.

Silvia Aeschbach

Älterwerden für Anfänger

Willkommen im Klub zum Zweiten!

192 Seiten
Klappenbroschur
13,5 × 21,2 cm

Print ISBN 978-3-03763-078-5
E-Book ISBN 978-3-03763-698-5
www.woerterseh.ch

Nach dem großen Bestseller »Älterwerden für Anfängerinnen« interviewte Silvia Aeschbach für ihren Nachfolger »Älterwerden für Anfänger« fünfzehn Männer zwischen 48 und 68 Jahren, die alle sehr offen darüber sprechen, wie sich ihr Leben verändert, wo ihre Einsichten, aber auch, wo ihre Ängste liegen. Und da ergeben sich dann durchaus Parallelen zum Älterwerden der Frauen: Die Jahre zwischen Reifwerden und Altsein bedeuten auch für die Männer Innehalten und Neuanfang, egal, ob es sich um Familie, Beruf, Gesundheit, Liebe oder Lust handelt.
Und doch bestätigt sich, was wir alle schon wissen: Männer altern anders als Frauen. Während Frauen offensichtlichen hormonellen Veränderungen unterworfen sind, können Männer das Unausweichliche länger verdrängen. Aber, so Silvia Aeschbachs Erkenntnis: Obwohl Männer länger als attraktiv wahrgenommen werden als gleichaltrige Frauen, werden auch sie nicht einfach nur reifer.